Claudia Arana

PASOS DE FE

PASOS DE FE

La fe es la confianza de que en verdad sucederá lo que esperamos; es lo que nos da la certeza de las cosas que no podemos ver.

(Hebreos 11:1)

Dedicatoria

A mis tres hijas:

Alejandra, Claudia y Mishelle. Por ser mis incondicionales
amigas. Por darme tanta Alegría.
Nunca olvidemos sonreír.

Con amor.

Agradecimiento

A mi esposo Hassen, por su amor y valor. Gracias por enseñarme con el ejemplo lo que es una fe práctica. Por creerle a Dios y llamar las cosas que no son como si ya fueran.

———————◆———————

Contenido

Introducción

Sin importar tu nombre, tu origen o donde naciste, si eres mujer y estás viva eres extraordinaria, especial, singular, única, *¡No hay otra persona en este mundo parecida a ti!*

En el momento de tener en tus manos estas páginas; pueden estar pasando diversas situaciones en tu vida. La realidad es que cada mujer vivimos días diferentes, quizá en este momento eres muy feliz, te encuentras plena, te sientes perfecta con la mujer en que te has convertido, has alcanzado metas, sueños, desafíos, éxito, puedes sentirte feliz y agradecida de cómo Dios te formó: en cuanto a tu estatura, confección, color de tez, ojos, inclusive puedes sentirte satisfecha con tu salud y peso, pudiera ser que en este momento estés viviendo la mejor versión de ti, tu familia y relaciones no pudieran ser mejores, pudieras estar viviendo al máximo, lo cual me da mucha alegría por ti.

Pero pudiera ser que en este mismo instante tus días no fueran los mejores. Puedes estar pasando un problema muy grande, quizás en tus relaciones o con tu familia, te encuentras en medio de un divorcio, un hijo en drogas o con tu familia destruida por las malas decisiones, podrías tener quebrantos de salud, sufriendo por falta de amor y rechazo; estás con el corazón en mil pedazos, o recientemente te dieron una noticia devastadora que le dio un giro a tu vida y no sabes cómo lidiar con tanta situación difícil; porque no decir el tener un problema de identidad en cuanto a tus atracciones sexuales y esto está consumiendo tu vida segundo a segundo, pudiste haber sido abusada sexualmente en tu niñez y esto ha dejado secuelas de amargura y dolor en tu corazón, te puedes estar ahogando por el peso del pecado y la culpa o encontrarte con este libro en una sala de hospital con una enfermedad terminal en donde crees que no hay solución.

La realidad de la vida es que no puedes escoger lo que te sucede, te encuentras en el lugar incorrecto en el momento inoportuno, puedes ser víctima del tiempo y las circunstancias, pero de lo que sí eres responsable es de lo que sucede dentro de ti.

Sin importar en cual lado de la moneda te encuentres, si eres mujer tienes una fuerza poderosa y características únicas que Dios te ha dado, tienes el poder de liberarte a ti misma; *¡No necesitas el permiso de nadie para empoderar la esencia de la identidad que Dios te dio únicamente a ti!*

Tu vida es real y es un regalo de Dios.

Es de vital importancia que abras tu corazón y le permitas crecer, desarrollarse y sobre todo florecer.

Si en ti aún hay aliento de vida, quiere decir que hay esperanza, hay esperanza que el día de mañana será mejor, tu vida importa, tienes un valor incalculable, sin importar tus circunstancias, tu vida tiene propósito. Dios te formó con un plan específico, lo importante es que descubras ese plan perfecto de Dios, que tengas la valentía de ver dentro de ti y descubras la mujer que eres.

¡Vamos, ponle color y brillo a tu vida y sueños!

Una de las tragedias de la humanidad es no descubrir cuál es el propósito de la vida, ni saber el porqué y el ahora de la existencia y conformarnos con menos de lo que Dios tiene para cada una de nosotras.

Te invito a que abraces la esperanza de que un hombre lo dio todo por ti, sí leíste bien, fue única y exclusivamente por ti. Dio hasta su propia vida, porque te ama, porque Él sabe que eres única y excepcional, sabe que no hay, que no ha habido ni habrá otra mujer tan maravillosa como tú, Este hombre dio su vida para salvarte, para darte una vida feliz y lo más importante, que puedas tener vida eterna, en donde nunca habrá dolor, tristeza ni llanto ni frustración.

Este hombre llamado Jesús quiere tener una dulce relación contigo y que le permitas ayudarte a tomar control de tu vida, viviendo Él en tu corazón.

Pues Dios amó tanto al mundo que dio a su único hijo, para que todo el que crea en Él no se pierda, sino que tenga vida eterna.
(Juan 3:16) (NTV)

Quiero invitarte que, junto a mí, demos 31 Pasos de Fe, paso a paso, y así puedas convertirte en la mujer que has soñado ser.

¡Tú eres la persona más fascinante que jamás podrás conocer! ¡Porque eres tú!

No te escondas, no te niegues, no te reprimas ni finjas ser alguien que no eres. Permite a través de estos 31 días de fe, que tu verdadero yo salga a la luz, el lado más sincero, el más puro, la parte más creativa, la más organizada, tu lado apasionado, el liberado, el de más valor, el amoroso, el seguro; en donde vives sin preocuparte de la opinión de la gente, el de: estoy viva y esto me hace sentir plena. Vive con motivos reales para desafiar los conflictos internos de tu corazón, esta es el área donde puedes tener la satisfacción de saber que estás haciendo lo que tú y únicamente tú puedes hacer.

Te pido leas un capítulo cada día, y a la vuelta del mes, puedas experimentar cambios radicales, basados en principios reales y poderosos que estoy segura traerán vida a la esencia de tu identidad. Te expondré testimonios y experiencias propias y de personas que han pasado situaciones quizás parecidas a las tuyas, hechos que te han afectado y han marcado heridas profundas en tu corazón y que a lo mejor nunca se lo has dicho a nadie y han sido secretos fatales que matan y ahogan tu vida.

Dios no te promete una travesía fácil, pero sí un aterrizaje seguro.

Te invito a que iniciemos una experiencia de 31 días, para

que tu fe crezca y puedas depositar en El autor, constructor y arquitecto de tu vida, cada área en la que no sepas cómo actuar o qué hacer, y vayamos al manual del Creador que lo simplifica y ordena todo...

Si eres de las mujeres que le gustan los desafíos, este libro es para ti.

La fe, consiste en ver y llamar a las cosas que no son como si ya fueran, nunca podrás llegar a ser lo que no alcanzas a ver.

Termino, mencionando el verso con que iniciamos, te hago la invitación a que lo incrustes en tu corazón, cree que las cosas que aún no han sucedido en tu vida, todo aquello que no ha sido liberado sucederá si tú lo estás esperando.

La fe es la confianza de que en verdad sucederá lo que esperamos; es lo que nos da la certeza de las cosas que no podemos ver.
(Hebreos 11:1)

PASOS DE VALOR

PASOS DE *V*ALOR

Por la fe entendemos que todo el universo fue formado por orden de
Dios, de modo que lo que ahora vemos no vino
de cosas visibles.

(Hebreos 11:3)

PASO #1
SOMOS LA *S*OLUCIÓN

En un hermoso día del mes de septiembre una calurosa, y brillante tarde, tuve la oportunidad de reunirme con una Joven, nos citamos en un café de la ciudad de Houston, la chica estaba pasando momentos difíciles y unas semanas atrás me había pedido que tuviéramos un tiempo juntas.

Desde el momento que nos sentamos y empezó a relatarme su historia, yo estaba sintiendo que algo pasaba en mi corazón, sentía un desgarre profundo, sentir y ver el dolor de una pequeña chica, que a su corta edad había pasado situaciones que a mí ni siquiera me pasaban por la mente. Tuve la oportunidad no únicamente de aconsejarla sino de traer ánimo y esperanza a su corazón abatido. El tema, en realidad muy común en nuestros días; relacionado con abuso, sexo, pornografía; entre otros hábitos y adicciones que nuestros jóvenes adoptan como parte de su vida.

Si no eres parte de la solución eres parte del problema.

✦ **Has cosas relevantes**

Esta joven, como muchas otras chicas, con las que he tenido la oportunidad de compartir, fueron el instrumento que Dios utilizó para hablarme profundamente al corazón. Entendí claramente que en mi comunidad debía hacer algo relevante, y que no podía pasarme la vida orando solamente por los problemas y situaciones difíciles a mi alrededor, sino también era parte del problema y necesitaba accionar. Navegué días en mi mente, en mi corazón, en mi llamado, asustada, con temores, preocupada, en momentos triste, hasta que fui aclarada por Dios en mi corazón a un camino de cómo afrontar este gran reto en mi vida.

Aprovecho para decir que no hay crisis más grande en la vida, que no saber qué camino tomar en las situaciones desafiantes que se nos ponen por delante. Cuando descubrí o, mejor dicho, entendí, que Dios me miraba como parte del problema, sentí un peso muy grande sobre mí, no únicamente estaba en mi comunidad para orar o escuchar a las jóvenes sino mucho más que eso, comprendí que, vista a través de los ojos de Dios, yo estaba siendo parte de estos problemas porque no estaba haciendo nada en absoluto.

Me sentía hasta ese momento satisfecha y feliz por ser pastora activa en una iglesia; estoy involucrada con el liderazgo, pertenecemos como familia no únicamente en la iglesia sino en ministerios aledaños que traen satisfacción personal a nuestras vidas. Cuando menciono la frase, no estaba haciendo nada en absoluto, me refiero exclusivamente en atacar la problemática que nació en mi corazón sobre el abuso, sexo, aborto, pornografía, maltrato físico, emocional de las mujeres de mi comunidad, peor aún de las mujeres cerca de mí en la iglesia las cuales considero mi familia espiritual.

✦ El Poder de un toque Divino

Luego de un tiempo de oración y búsqueda al Señor; inicié junto a varias mujeres capaces y amadoras de Dios, a trabajar en varios ministerios no únicamente de jóvenes, sino niñas y mujeres adultas. El enfoque de estas reuniones es tratar nuestro valor, que valemos la sangre de un hombre que decidió que cada una de nosotras era tan importante que valíamos la pena para que Él diera su vida por nosotras.

El Pastor Edmundo Guillén en su libro: *Rompe las Máscaras, lo expresa así; somos la obra maestra* "Todo lo creado por Dios es artístico, lo mayor de ello y por mucho, es el ser humano, su obra maestra"

La sociedad, nuestra familia o la gente, quiere hacernos sentir menos o inferiores, el estándar del mundo tiene que ver con posiciones, estatus, educación, belleza, pero si vamos a la esencia misma de la vida, nuestro mayor valor lo obtenemos de reconocer quienes somos. Nuestra identidad debe estar basada en que somos hijas de Dios hechas a su imagen y a su semejanza y eso debería ser suficiente para ti, tú eres responsable del trato que recibes de las demás personas. Nadie puede hacerte sentir inferior sin tu consentimiento.

A través de los años, y al tratar con diversidad de personas y en este caso principalmente con mujeres, me he dado cuenta de que el tema del valor es importantísimo para el ser humano; es nuestra raíz y el que determina nuestro comportamiento, el que nos da satisfacción o nos hace sentir realizadas. Hoy día son las redes sociales las que dictaminan tu valor, la cantidad de seguidores, de likes hacen sentir a nuestra nueva generación si en realidad valen o no ante los ojos del mundo, he escuchado el comentario de personas que para ser promovidas a mejores puestos o para darte un nuevo trabajo, solicitan entrar a tu muro de Facebook, para determinar qué clase de persona eres.

Cifras recientes revelaron que las mujeres son más activas que los hombres en redes sociales, sobre todo en *Instagram, Twitter, Pinterest y Facebook*. De acuerdo con varias publicaciones (*Newsweek y Forbes*, entre otras) el tiempo invertido por las internautas podría tener efectos negativos en sus usuarias, debido al bombardeo de mensajes aspiracionales al que están expuestas.

Las mujeres en Estados Unidos pasan aproximadamente 5 horas socializando a través de sus dispositivos móviles. Los comentarios de la gente fuera de estadísticas indican que pasan de 10 a 12 horas diarias en redes sociales. La mayoría de las personas revisan sus celulares 150 veces al día o cada 6 minutos. Y los jóvenes envían en promedio 110 mensajes de texto al día.

Decidí iniciar hablando sobre el valor de la mujer, porque es un tema con el que nos enfrentamos cada día, pareciera que el mundo en el que vivimos es una selva en donde tenemos que estar a la defensiva unos de otros, demostrar que podemos, que somos inteligentes, que somos bellas, y que tenemos suficiente valor para lograr hacer las cosas que nos proponemos. Pero mi querida amiga, el valor va más allá de nuestra belleza, de nuestras capacidades e inclusive más allá de nuestras habilidades, nuestro valor es la esencia de quién tú crees que eres. La Biblia dice en Prov. 23:7 Como piensa dentro de sí, así es.

Hay una frase muy común, que digo con regularidad porque creo afirmativamente en ella: *"Si tú crees que puedes, puedes, y si tú crees que no puedes, entonces no puedes".*

Siempre hablamos de nuestro corazón y nuestros sentimientos, que hacemos o dejamos de hacer las cosas por lo que dicte nuestro corazón, y esto es lo más peligroso que podemos hacer. También un pasaje bíblico nos enseña que el corazón es más engañoso que todas las cosas, no te dejes llevar por tu corazón, debes ser obediente a tu mente, que sea ella la que envíe los mensajes correctos a tu corazón, principalmente con respecto a quién eres, y encontrar el balance perfecto entre tu mente y corazón. Me encanta la forma que lo describe el pastor T.D. Jakes en su libro Instinto: *"La gente exitosa usa sus instintos con el intelecto. Usted no debe desestimar los hechos por los sentimientos, equilibrar lo que usted sabe en su mente con lo que sabe en su corazón requiere práctica".*

✦ El valor de cada persona existe porque Dios existe

El tema del valor es uno de los temas que debemos tratar no únicamente en la sociedad sino en nuestras iglesias. Son temas relevantes, necesitamos la palabra de Dios como códigos de referencia, el valor de cada persona existe, porque Dios existe, y sus principios puestos en papel, nunca van a cambiar, Él nos dejó el regalo de la libertad en Génesis 1:27. Hombre y mujer nos creó, nos da la oportunidad de disfrutar nuestra feminidad, nos creó mujeres, no porque somos el lado débil del hombre, sino para que disfrutáramos de características diferentes, de una vulnerabilidad singular, de belleza especial, una esencia que atrae al sexo opuesto y un sin número de habilidades que Dios nos ha dado a cada una. La ciencia recurre a aquello a lo cual nos hace únicos en la creación; el ADN y las huellas dactilares, aunque últimamente han descubierto métodos diferenciales como el tamaño de tus orejas que son únicas, los latidos de tu corazón y las ondas cerebrales.

Todas las personas del mundo tenemos algo que nos hace únicas y especiales, merecemos ser tratadas con respeto y todas las personas tenemos mucho que aportar, que enseñar y que aprender, merecemos ser escuchadas ser tratadas con afecto, con cariño, con tolerancia, con empatía, con solidaridad, con amor.

✦ Vive tu propia vida

Es real pensar que todas somos distintas, que en medio de los millones de habitantes sobre la tierra no hay otra persona igual a ti.

No permitas que personas menos motivadas que tú, o empeñados en derribar a otros para mantenerse arriba, impidan que puedas llegar a ser todo lo que puedes ser en plenitud de tu identidad especial, singular, única en tu clase. No permitas que nadie haga tu papel, aquello para lo que únicamente tú fuiste destinada a ser, vivir tu propia vida, no permitas que nadie dirija lo que te corresponde únicamente a ti, debes buscar activamente elementos de excelencia que te inspiren, que te motiven a dar lo mejor de ti, en el papel que se te ha asignado, debes descubrir con precisión qué es lo que te fascina. Qué es lo que más apasiona tu corazón y enciende una llama en lo profundo de tu ser. Cuáles son los temas y artículos que capturan tu atención. Los temas que desafían tus pensamientos. Estas son áreas con las que puedes estimular la búsqueda de tu verdadera identidad. Necesitas convertirte en una estudiante, en una experta de ti misma. Ahora mismo podrías ver qué has marcado en el último día como favorito en tu móvil, o las imágenes que has recopilado en Pinterest, los tweets que has guardado para volver a ellos una y otra vez, debemos hacer una búsqueda constante de quién somos, en la quietud de la soledad, en los momentos en que no tienes que demostrar quién eres o impresionar a nadie, cuando el yo se encuentra cara a cara, y descubres quién eres.

Este es principalmente el motivo de "pasos de fe", ayudarte a dar pasos que te lleven hacia la mujer que anhelas ser, a liberarte, ayudarte en base a experiencias, testimonios, a encontrar lo mejor de ti, a descubrir ese lado oscuro que nunca quieres mostrar, y enseñarte que, a pesar de tu niñez, de las oportunidades o falta de oportunidades con las que has crecido, detrás de quién eres en este momento hay una mujer extraordinaria, que el mundo está ansioso por conocer.

———◆———

Yo,_____, mujer extraordinaria, maravillosa, de género femenino, bella, frágil, con increíbles atributos físicos, espirituales y morales, estoy lista para conquistar el mundo.

En la historia de la joven que me referí al inicio, está viviendo en este momento luego de dos años después de nuestra primera cita, una vida en libertad, ha logrado paso a paso perdonar a sus agresores, ha descubierto que Dios tiene un plan y propósito en su vida, y está luchando por llegar a encontrar su máximo potencial y ser la mujer que fue diseñada a ser, el camino no está siendo fácil, pero con la ayuda de personas que la aman, una familia que la está apoyando y una iglesia que trae esperanza en su camino, está trabajando para que lo que un día soñó, pueda convertirse en realidad.

Te invito a que hoy hagas un compromiso contigo misma, y te conviertas en la mejor versión de ti.

✦ FE EN ACCIÓN

"La vida es demasiado corta como para hacer lo que no te gusta, así que haz lo que te encanta hacer."
(Mark Batterson)

PASOS DE VALOR

Además de todo eso, levanten el escudo de la fe para detener las flechas encendidas del diablo.

Efesios 6:16 (NTV)

◆

PASO #2
ERES ÚNICA

No sé si esta frase hace eco en tu corazón, o si alguna o varias veces has pensado que no eres suficiente para alguna tarea que se te ha designado, o si eres de esa clase de mujer, que has crecido en una cultura, en la que la mujer en su posición no es buena, como para realizar los trabajos que hacen los hombres, o viéndote al espejo piensas que no eres bella, inteligente, agraciada...

Todas esas voces dentro de nosotras y que les permitimos marquen nuestra vida o más aún nuestros sentimientos, llevándonos a un mundo de inferioridad. Voces que nos dicen, no puedes, no lo lograrás, no eres lo suficiente para cumplir esta o aquella asignación. Son frases que sin duda alguna nos han pasado por la mente, creyendo que nunca alcanzaremos esa vida de ensueño que todas nos imaginamos desde que somos niñas, esas muchas ocasiones que acostadas en la cama, soñamos despiertas con una vida completamente feliz, siendo las princesas de una historia de hadas, donde un príncipe azul, vendrá a besarte y rescatarte, esa clase de escenas que todas hemos formado en nuestra mente, y que conforme vamos creciendo nos damos cuenta que la vida sin duda no es nada parecida a un cuento de hadas.

✦ Una hermosa reina

Quiero contarte la historia de una verdadera reina, una mujer con un trasfondo trágico, huérfana, pertenecía a una minoría despreciada, estaba cautiva en el exilio. Fue reina de belleza y esposa trofeo, poseía un secreto peligroso que podía costarle la vida y la de su familia. Estaba casada con un rey que destruía vidas a su antojo y era conocido por matar a los más allegados. La reina tuvo que guardar un perfil bajo y guardar su secreto.

Estás pensando correctamente, te hablo de la hermosa reina Ester, para la cual la vida no fue justa, no obstante, su historia trae esperanza a todas las que enfrentamos problemas al mostrar cómo Dios obra aun a través de temores y peligros.

Su historia está cargada de dramatismo, mentira, intriga, romance, crimen. Llega a ser la reina de Persia en un momento de crisis social, se había dictado un edicto para la destrucción del pueblo judío.

La historia de Ester es la historia de una mujer valiente que acepta el reto, lo da todo, sin importar las consecuencias, arriesga su vida para salvar a su pueblo, vive en Persia, donde han sido desterrados los judíos. Y en donde se lleva a cabo esta historia.

Permíteme que te cuente un poco más de esta apasionante

historia, Ester antes de hallar gracia delante del rey, ganó el favor del hombre que estaba a cargo de todas las vírgenes, Hegai, se prestó para proporcionarle a Ester la dieta y los tratamientos de belleza que necesitaba, la llevó al mejor lugar del harén, es evidente que las cualidades agradables y sencillas de Ester le daban buen resultado con las personas importantes. Sin embargo, su profunda intuición para elegir con sabiduría y confiar en los buenos consejos se ve cuando está dispuesta a confiar en el consejo de Hegai en cuanto a qué llevar consigo cuando le llegó el turno de presentarse ante el rey, la recompensa de Ester es muy grande por su obediencia, y por su sencillez al escuchar consejos: al monarca le agrada tanto, que corona a Ester como su nueva reina.

✦ Secretos de Belleza

Todo lo que sabemos de la personalidad de Ester proviene de sus acciones y las respuestas de las personas que la rodeaban. La expresión *"se ganó su simpatía"* (2:9-15) es un indicador de la personalidad de Ester. La expresión común es *"Hallar el favor o la simpatía"* de un rey. Ester se ganó su simpatía, lo cual demuestra que era activa y resuelta. No se le describe como una observadora pasiva e ineficaz en esta historia; ni una mujer dolida y amargada por su trasfondo cultural. Tampoco fue una mujer que creció en un hogar bien formado, con todas las condiciones saludables para tener un correcto y balanceado valor y amor propio, por el contrario, demuestra ser osada, inteligente y fuerte, a pesar de haber quedado huérfana en la infancia. Ester es elegida por su belleza, pero ella mantiene un gran secreto, su nacionalidad judía.

El primo de Ester, Mardoqueo, se entera del complot contra el pueblo judío y le ruega a Ester que intervenga, 4:4 (Quien sabe si no llegaste a ser reina para un momento como este). Ester arriesga su vida 4:16 (Ve y reúne a todos los judíos que están en Susa y hagan ayuno por mí. No coman ni beban durante tres días, ni de noche ni de día; mis doncellas y yo haremos lo mismo. Entonces, aunque es contra la ley, entraré a ver al rey. Si tengo que morir, moriré. Y le presenta el problema al rey, El rey escucha su ruego y los judíos son protegidos y salvados por la valentía de una sola mujer, de carácter y dignidad.

Ester es una heroína porque intercedió de manera inesperada por su pueblo. Superó las expectativas de todos, su fe, su actitud obediente y valerosa, su disposición de seguir el consejo de su primo Mardoqueo para ayudar a los judíos y sus decisiones sabias muestran a una persona que sabía cómo Dios obraba en su historia.

◆ Tu vida cuenta

Tratemos de traer esta magnífica historia a tu propia vida, considerando que todas nosotras hemos nacido para una misión específica.

La vida de todas cuenta, y tú vida tiene un propósito específico, así como en la de nuestra amiga Ester, quizás tu origen no es tan complicado ni tan enredado como el de Ester, pero sí tienes una asignación igual de importante, todas y cada una de nosotras nacimos para ser libertadoras, de cada una de las personas con las que tenemos cercanía e influencia, no importa si tu influencia es desde arriba o de la parte media, quizás influyes desde abajo, lo importante es que debes adoptar características tan importantes y valerosas como las que nos muestra esta historia, considerando que este es tu momento, esta es tu generación y para este momento específico naciste.

Tristemente, muchas personas pasan por esta tierra sin dejar huella, ni han dado pasos hacia el futuro o la mujer que han soñado ser, la vida consiste en decisiones. Un proverbio chino dice: *"Una mujer sabia toma sus propias decisiones, una mujer ignorante sigue la opinión pública"* diariamente te ves expuesta a un sin número de situaciones difíciles en las que tienes que saber cómo actuar, al igual que la reina Ester debemos saber buscar consejo sabio, ser mujeres de carácter y personalidad, estar feliz como Dios te formó, hoy en día las encuestas dicen que las personas en grado de felicidad si medimos de uno a diez, en su mayoría se encuentra en el grado tres, permíteme que nos detengamos un momento y piensa, en tu propia escala de felicidad de uno a diez, ¿En dónde te encuentras tú? ¿Cuál es el grado real que estás viviendo en este momento? Una de las cosas que más traerán felicidad es reconocer y esforzarte por descubrir la asignación temporal que Dios te dio.

✦ **Eres única**

Con demasiada frecuencia imitamos a otros y nos conformamos a los estándares populares, no aprovechamos nuestro recurso más preciado y poderoso; nuestra propia singularidad. Dios nos hizo únicas, bellas. A lo largo de este libro, veremos cómo dar pasos hacia convertirte en una mujer que viva al máximo. Leerás constantemente, que eres única en tu especie, que en los billones de habitantes sobre el globo no hay alguien ni siquiera parecido a ti. Las estimaciones de la *ONU* (La organización de las Naciones Unidas) basadas en estadísticas, calcularon aproximadamente que el planeta alcanzaría la cifra de ocho mil, millones de habitantes, (ocho millardos) y cada minuto nacen más de trescientos cincuenta bebés en el mundo.

Pertenezco a un ministerio llamado *"Una en un millón"* pero luego de pensar detenidamente me parece que en realidad somos *"una en ocho mil millones"* eres singular y eso debería hacerte feliz, no eres la reina Ester, pero eres la reina de tu propia vida, únicamente tú puedes denigrarte a un nivel bajo, debes esforzarte por crecer, por ser mejor, en el rol que desarrolles. Si eres una estudiante, deberías ser la mejor y planificar tu día de acuerdo a tus prioridades de estudio, si eres una mujer de negocios, debes planificar correctamente y pedir a Dios te ayude en la toma de decisiones, ideas y exigencias que tu trabajo demande; si eres ama de casa, deberías proponerte ser una extraordinaria ama de casa, así podría mencionarte diferentes roles de una mujer de este siglo, pero sin importar el papel o papeles que desempeñes, esfuérzate por dar lo mejor de ti, porque cada día veas la mejor versión de ti misma. Usa todas esas cualidades, dones, capacidades que Dios te dio, para la misión exclusiva a la que fuiste llamada.

(Si no has tenido la oportunidad de leer *"Una Vida con Propósito"* del autor Rick Warren, te lo sugiero; es un manual que te ayudará a encontrar el propósito de tu vida y será de crecimiento personal).

✦ No soy suficiente, es el soy suficiente de Dios

Seguramente Ester tuvo temor, miedo, sin embargo, fue

expuesta al peligro, ¿Por qué crees que Dios permite que sintamos temor y nos enfrentemos al peligro? ¿No será que Él quiere sacar lo mejor de ti, y Él está dispuesto a ayudarte si tú se lo permites? Cuando llegas al punto en que en tus fuerzas o tu conocimiento ya no puedes más; es allí donde Dios está presente para hacerse cargo de tu situación. Solo déjalo obrar abiertamente en tu vida.

¿Cómo te sientes? Te identificas conmigo y con cientos de mujeres que al igual que a ti, hemos tenido miedos y temores, quizá en este preciso momento te sientes mal y necesitarías el abrazo y amor de alguien, permíteme que hagamos juntas una oración.

Di *"Señor Jesús, venimos delante de ti, a poner cada área de nuestra vida, que ha sido dañada por el mundo, la sociedad, y por las personas que amamos, dame el valor para seguir adelante luchando para alcanzar y llegar a ser la mujer que tú esperas que sea, declaro abiertamente que sola no puedo, y por eso pido de tu ayuda, me propongo a confiar plenamente en ti. Amén."*

Cuando nos sentimos tristes, devastadas o creemos que nuestra capacidad no es suficiente, cuando llegamos al fondo, al lodo cenagoso y sentimos que nuestra vida no tiene sentido, que no sabemos el porqué, el cómo, el cuándo de nuestra existencia, y creemos que nuestra vida no tiene sentido o razón, en ese momento es cuando el *"Yo soy suficiente de Dios"*, aparece en tu vida; si logras reconocer que por tu propia capacidad, inteligencia y atributos no tienes el suficiente valor y que en esencia, fuimos creadas por Dios con fragilidad, con verdadera fragilidad, la cual nos permitiría perder la vida en cualquier momento, es allí donde aparece Dios y Él es suficiente para sacarnos adelante de cualquier situación por muy difícil e inimaginable que sea. Ponle nombre a tu situación:

_____

Y cree con fe que Él tiene el poder para ayudarte. La escritura nos dice que El Señor nunca nos dará ninguna situación más allá de lo que no podemos soportar.

> *No os ha sobrevenido ninguna prueba que no sea humana; pero fiel es Dios, que no os dejará ser probados más de lo que podéis resistir, sino que dará también juntamente con la prueba la salida, para que podáis soportarla.*
> *1 Corintios 10:13 (RVR1995)*

Hay un axioma que recuerdo con regularidad: *¡El mundo quiere lo mejor de ti, pero Dios quiere todo de ti!*

La asombrosa liberación de los judíos se celebra hasta hoy en el festival de Purim. Desde 470 a. C. Puedes leer la excitante y real historia de Ester, en la Biblia, el libro lleva su propio nombre y únicamente tiene diez capítulos, estoy segura de que, leyendo paso a paso la extraordinaria vida de Ester, te sentirás identificada, e ilusionada a cumplir con precisión tu asignación.

◆ FE EN ACCIÓN

No sufras por el qué dirán. Que el miedo no te controle. Que el enojo no te ciegue y aprende a aceptar las críticas, pero sobre todo no te detengas y sigue adelante.

PASOS DE *V̶ALOR*

Pues todo hijo de Dios vence a este mundo de maldad, y logramos esa victoria por medio de nuestra fe.

1 Juan 5:4 (NTV)

◆

PASO #3
ELIGE TUS *V̶ALORES*

Es difícil creer que Dios nos ama a todas por igual, nos ama sin medida y sin mérito alguno, su gracia nos guarda a pesar de lo que hagamos o lo que no terminamos de hacer. Pienso que es tan difícil porque no conocemos otra relación como esa aquí en la tierra, personas que nos amen sin importar lo que nosotros hagamos o dejemos de hacer. Nuestras relaciones son afectadas por nuestro comportamiento, por lo que decimos y por lo que hacemos.

En un matrimonio, las parejas se paran frente a Dios, la familia y los amigos, para prometer amarse uno al otro hasta que la muerte los separe. Sin embargo, la mitad de los matrimonios terminan en divorcio a causa de nuestro comportamiento, quienes somos, las cosas que hacemos y las decisiones que tomamos. Cada una de nuestras relaciones nos confirman que el amor y la aceptación son condicionales y que podemos echarlas a perder de un momento a otro.

✦ Un valor que no nos cuesta nada

Una de las formas en que sirvo en mi iglesia, es dando consejería, principalmente a las mujeres, es muy curioso, escuchar adolescentes y jóvenes adultas, relatándome su expectativa sobre el matrimonio, la mayoría de ellas quieren casarse con un príncipe azul, un hombre guapo, inteligente, valiente, que las rescate y ame profundamente, otras quieren un hombre de Dios, que lo ame sobre todas las cosas, con un ministerio fuerte, algunas desean contraer matrimonio con un pastor, un profeta o un evangelista. Por otro lado, otras jóvenes quieren un hombre graduado de la universidad, inteligente, trabajador que les brinde una vida económica segura; así podría relatarte historias de muchas chicas con ilusiones y sueños por cumplir en su vida adulta.

Respiro profundo, me detengo un momento y les digo: Es excelente que aspires a un hombre de esa clase, principalmente que te ame, pero la pregunta para ti es; ¿Qué estás haciendo tú para ser ese tipo de mujer que un príncipe, un pastor o un profesional quiera pasar el resto de su vida contigo?

Hemos hablado un poco sobre nuestra configuración, sobre un valor incalculable que cada una poseemos, que es dado por Dios, cuando encontramos nuestra verdadera identidad que está cimentada en Él, un valor extraordinario que no nos cuesta nada adquirir porque fue dado por Dios desde el momento que planeó poner a Adán y Eva en el paraíso, Él los puso en el huerto del edén, no los colocó en un basurero, los puso en un extraordinario lugar hecho especialmente para ellos, porque nos estaba dando un valor inigualable que no nos ha costado nada conseguirlo, ni tuvimos que hacer algo para poseerlo, y que recuperamos poderosamente el día que Jesús se entregó y dio su vida por ti, porque para Él, valía la pena morir por ti. Más aun en el momento que resucitó, que venció la muerte, y lo reconocemos en nuestro corazón como nuestro único y suficiente salvador, esto nos hace recuperar ese gran valor que el enemigo quiso robarnos, nuestra identidad de amadas hijas de Dios.

✦ Valores

Ese es el valor extraordinario y sobre natural que todas poseemos, pero no es lo mismo, nuestro valor que nuestros valores, nuestros valores son nuestro carácter, cómo actuamos, cómo reaccionamos ante los desafíos y circunstancias a que nos vemos expuestas en el día a día, es en este punto donde me detengo y les pregunto a las más jóvenes, ¿Quién eres tú? ¿Cuáles son tus valores?, ¿En quién te estás convirtiendo para que puedas ser atractiva o llamar la atención de un hombre como el que haz soñado?

Quiero subrayar que, como mujeres con valor y dignidad, debemos poseer y caminar hacia el modelo de mujer que Dios planeó, para eso necesitamos fuera de nuestro valor nato dado por Dios en la planificación de nuestro nacimiento, caminar y crecer para no únicamente ser de valor sino poseer valores, que te hagan llegar hasta allí, sí hasta el lugar que tú quieres llegar.

En la Biblia, encontramos el mapa, el camino, para ser mujeres íntegras de carácter, de confianza, que, si los ponemos en práctica, la gente creerá en nosotras y nos convertimos en personas de honor, de palabra y dignidad.

Si no lees la Biblia nunca sabrás a lo que tienes derecho en la vida y en la persona que pudieras llegar a convertirte.

✦ Tus valores te distinguen de las demás

Serás distinguida de las demás porque tu honor no está en las riquezas, sabiduría, valentía, belleza física, apellido, posición social, sino en conocer y vivir los valores cristianos.

Lo más valioso es la identidad propia generada por poseer valores, es decir carácter. Si deseas superarte integralmente, debes fortalecer tu carácter y analizar lo que puedes llegar hacer; establece metas claras acompañadas de valores.

Los valores son las cualidades que estimamos y que evidencian el carácter de una persona. También el carácter es formado a través de conocer y practicar los valores. Se manifiestan en la forma de actuar, de hablar, en las relaciones interpersonales, uno de los principales propósitos de nuestra vida es agradar a Jesús y qué mejor forma que mostrando una vida acompañada no únicamente de valor, sino de valores.

En mi caso particular como familia, y en nuestra iglesia, hemos adoptado, heredado y enseñado valores esenciales que nos ayudan a convertirnos en la mejor versión de nosotros mismos. A lo largo de mi vida he aprendido que mis valores rara vez necesitan un ajuste. Quiero compartirte brevemente unos de nuestros valores más importantes para formar el carácter de Cristo en ti.

✦ La Fe

Dios se agrada cuando pones en práctica tu fe. Creemos en Jesús el autor y consumador de la fe, por medio de Él eres salvo. Es el mismo de ayer, hoy y por siempre, y que por medio de Él podemos ver milagros en todos los órdenes de nuestra vida, y que la obra que Dios nos ha encomendado, será realizada.

Dios hará lo que Él ha prometido hacer y debemos accionar diariamente a esa promesa. (Hebreos 11:6)

✦ El Amor

Dios te invita a que practiques el amor. Cree que el amor es el vínculo perfecto y es la base para tu relación con Dios, que te capacita para vivir de acuerdo con su voluntad, te prepara para servir al prójimo y relacionarte sanamente con los demás. *1 Juan 4:7-14*

Si sientes que en tu vida no hay amor, o estás falta de amor, necesitas a Jesús en tu corazón.

✦ La Obediencia

Dios se complace cuando practicas la obediencia; Es uno de los principios fundamentales que debes practicar. Obedecer es agradar a Dios respetando sus dichos y ordenanzas. La perfecta voluntad de Dios se pone en acción cuando te sujetas a tus autoridades, ya sea tus padres, tus líderes espirituales y gobernantes. *1 Samuel 15:22-23*

Nuestra vida es mejor, cuando somos personas que

vivimos de esta manera; el fruto de la obediencia traerá paz y tranquilidad a tu vida.

✦ La Integridad

Dios te honra cuando practicas la integridad; Tu carácter cristiano debe reflejar una relación directa entre lo que dices y lo que haces. Debes crecer para lograr que el carácter de Cristo se esté formando en tu vida.

La integridad no depende de nuestras emociones o momentos difíciles, sino de una convicción de ser perfectos en Dios. Muchos dicen: tomé esa decisión porque me presionaron en el trabajo. Fue por tentación. Me vi obligado a mentir. Cuando la causa es la falta de integridad.

Tenemos que ser íntegros para que los demás puedan creer y confiar en nosotros, más que por lo que decimos la gente cree en nosotras por lo que hacemos. *Salmo 15:1-5*

✦ La Dependencia

Fuimos creadas, para depender de Dios. Dios se agrada cuando tu dependencia es evidente: Cree en la sabiduría, habilidad y poder para el desarrollo de la obra de Dios proviene de la dependencia del Espíritu Santo.

Dios debe ser el centro de tu vida y el actor principal. *Juan 15:4, 16*

Cuando dependemos de Dios, se van las angustias y preocupaciones. Dios se deleita en hacer Milagros en nuestra vida.

El lugar de la rendición es la oración.

✦ El Crecimiento Personal

Dios anhela el crecimiento personal; Debes creer que el poder del evangelio restaura, capacita y transforma tu carácter para tu desarrollo integral, habilitándote para alcanzar tu máximo potencial en todos los ámbitos de la vida, para que te constituyas en un factor de cambio, en tu familia, iglesia y sociedad. Como hija de Dios has sido creada para crecer y desarrollarte en todas las áreas de tu vida; en lo espiritual, en lo familiar, intelectual, y moral, así como en lo físico y socioeconómico. *Proverbios 4:18*

✦ El Cuidado Familiar

Dios se agrada cuando te dedicas al cuidado familiar. Debes aprender que la familia es el núcleo de la sociedad y de la iglesia, es el primer organismo que Dios establece. Cree que después de Dios, tu familia es la prioridad en tu vida.

Tener una buena familia es el resultado de agradar a Dios. *1 Timoteo 3:4-5*

Muchos de los problemas familiares se dan por ignorancia. Un problema no se resuelve solo; necesita de inteligencia y de sabiduría que viene al escudriñar la Palabra de Dios.

Muchas madres actúan repitiendo lo que vieron en su hogar, creyendo que están cumpliendo con su papel familiar. Sin embargo, lo que Dios espera de cada miembro de la familia lo dice en la Biblia, en la lectura de buenos libros, etc. También es necesario decir que una familia debe buscar enseñanza que le ayude a vivir mejor y a superarse integralmente.

El no saber y no entender promueve la ignorancia y esto a su vez la destrucción. Uno se adueña de lo que conoce y entiende.

Tu éxito inicia en tu casa, por eso procura una buena familia. Que los que están más cerca de ti, sean los que más te amen, te admiren y te respeten.

La familia bien consolidada es como un diamante indestructible.

Si estás bien con Dios, podrás luchar por tu familia. Si estás bien con tu familia, podrás ser una mujer camino a la plenitud.

Podrías darte un corto tiempo personal, para evaluar y poner en orden cada uno de los valores con los que fuiste educada, o adoptar alguno de los que te he presentado. como mencione antes; mis valores rara vez han necesitado un ajuste.

✦ FE EN ACCIÓN

Vive según tus convicciones y no bajo las convicciones de otras personas por miedo a no decepcionarlas.

PASOS DE *VALOR*

Jesús se dio vuelta, y cuando la vio le dijo: «¡Ánimo, hija! Tu fe te ha sanado». Y la mujer quedó sana en ese instante.

Mateo 9:22 (NTV)

———————◆———————

PASO #4
NUEVA *VIDA*

Como toda pareja joven, con pocos años de casados y con 3 hijas muy pequeñas, Hassen y yo, teníamos un deseo muy grande de superarnos y darle a nuestras pequeñas una vida diferente y mejor, de la que en ese momento estábamos brindándoles.

Así que, como cientos de familias guatemaltecas, emprendimos un viaje hacia *"El sueño americano"* Con mucha alegría e ilusión, por varios meses preparamos nuestro viaje. Hicimos todos los trámites necesarios de embajada y consulado, tuvimos la documentación correcta, sacamos a nuestras hijas de su centro de estudio, que estaba a pocas semanas por terminar. Y en el mes de agosto del año dos mil, inició una gran aventura; sin ni siquiera imaginarnos, qué camino nos esperaba, ante cuántos desafíos nos encontraríamos y más aún, un llamado ministerial que, hasta ese momento, había sido únicamente un deseo de nuestro corazón.

Unidos como familia, estábamos felices, emocionados de emprender un viaje hacía un horizonte lleno de ilusiones, sueños y grandes metas por alcanzar. Nuestras intenciones, eran darles un mejor futuro a las hijas, no únicamente en términos financieros, sino cultural y sobre todo la bendición que pudieran relacionarse por medio de dos idiomas.

✦ **Un nuevo vecindario**

La despedida familiar fue triste, llanto, nostalgia, al parecer los padres siempre saben lo que va a ocurrir y los únicos que nunca nos damos cuenta somos los hijos.

Así que, con todos estos anhelos y sueños, la cuidad de Miami, nos dio la bienvenida y nos acogió como sus nuevos huéspedes. El inicio como todo en la vida, nunca es fácil, siempre tienes que esforzarte, ver a tu alrededor no querer llegar a cambiar un lugar, sino por supuesto hacerte al lugar que llegas. En nuestra experiencia, siempre nos han tratado amigablemente, no solamente en nuestro nuevo vecindario que, a propósito, las niñas pensaban que vivíamos en un lugar turístico; en donde la escuela quedaba en la esquina, íbamos caminando, el apartamento en un tercer nivel, una alberca a su disposición todo el tiempo por el espléndido clima que se goza en La Florida; un padre que como siempre, y ellas estaban acostumbradas, salía todos los días a trabajar y traer el sustento para nuestro hogar.

En ese momento, aunque nos veíamos en situaciones difíciles y que, ameritaba que yo, como madre responsable, también saliera a la calle y contribuir con nuestra economía. Hassen y yo, al nacer Ale, nuestra hija mayor, recibimos un consejo de invaluable valor; nuestra pastora Anita de

Madrid, con el amor y gracia que la caracteriza, nos dijo algo que nunca desestimamos y que considero hasta el día de hoy, fue la base de criar hijas en el amor, temor de Dios y muy seguras de ellas mismas.

Ella nos dijo: Hermano Hassen y hermana Claudia, nunca dejen solas a sus hijas, en la medida que se pueda, sea usted la que las crie, claro; dijo ella: hay momentos que si se necesita que la esposa salga y colabore en el hogar, hay que hacerlo. Pero si es por tener un mejor carro, o dos carros, es mejor tener uno y que la madre esté en el hogar, si es por tener una mejor casa, es mejor vivir sencillos pero que la madre esté en el hogar, así que, con este consejo, nosotros emprendimos la aventura más grande de nuestras vidas, *"la crianza de hijos"*.

Tomamos la decisión que, si teníamos que hacer algún ajuste, sería en nuestro presupuesto y gastos, no el que yo dejara a mis hijas al cuidado de otra persona. Entendiendo que esto es todavía más inusual en Estados Unidos.

Tuvimos dos buenos años de inicio, como familia visitamos varias iglesias del área, donde siempre nos recibían con cordialidad y aceptación, Hassen siempre estuvo involucrado en nuestra iglesia en Guatemala *"Lluvias de Gracia"* principalmente en el trabajo de los grupos familiares, grupos pequeños de crecimiento personal.

Así que en el lugar que se nos permita estar, podíamos compartir algo de la estrategia con la que nosotros estábamos acostumbrados a trabajar, el deseo ferviente en el corazón de seguir desarrollando nuestra vida espiritual y sobre todo seguir cumpliendo la gran comisión, trabajar en el evangelismo que era un estilo de vida, la forma de vivir el evangelio que habíamos aprendido en nuestra iglesia en Guatemala.

Tratamos como padres ser siempre los mismos, en el hogar, en la iglesia, en la calle; que nuestras hijas vieran que el evangelio no es la iglesia, no es una posición eclesiástica, sino es Cristo viviendo real y radicalmente en nuestros corazones y por ende en nuestro hogar.

En nuestra estadía en Miami, El Señor varias veces nos había hecho el llamado específico de iniciar una iglesia, pero la realidad, que a mí me daba mucho miedo, nunca podía imaginarme en mí como pastor, pensaba que sería algo imposible, creía las pastoras (o esposas de pastores, como prefieras nombrarlas) seguramente pasaban el día orando, eran personas con características y dones diferentes a como yo me sentía y que seguramente vivían preocupadas por los problemas de toda la iglesia, y en ese momento, sentía que con los míos era más que suficiente.

✦ Cuando Dios interviene

En el año dos mil dos, en vista que Dios vio, que tenía el corazón más duro que una piedra, tomó una magnífica decisión conmigo, una mañana hermosa del mes de Junio, mis tres hermosas hijas y yo, nos dispusimos a tener un día de chicas, de sol, piscina, comida afuera, estaban apenas en sus primeros días de vacaciones escolares, y decidimos iniciar el día patinando juntas, sin saber que ese día daría comienzo a una cuesta de sufrimiento, dolor, encrucijadas, y un trato fuerte, definitivo pero a la vez amoroso de parte de Dios para mí, para mi familia y para lo que Él quería hacer.

Esa mañana luego de colocarnos nuestros zapatos especiales, las cuatro nos emprendimos iniciar un extraordinario día, ya habíamos patinado y disfrutado un largo tiempo juntas, cuando de repente, trabándome en unas pequeñas piedras mi patín se deslizó hacia el lado izquierdo, en cuestión de un par de segundos yo me encontraba en el piso, con una fractura de mi pie izquierdo; de tibia y peroné. Sufrí una gran lesión.

Tirada en el piso, empapada en sudor, gracias a la ayuda de algunos vecinos no pasaron más de 5 minutos para que la ambulancia llegara, y me pusieran en camino, al trato específico y de largos meses que Dios tenía reservados para mí.

Sin querer hacer la historia muy larga, tuve una fractura de mi pierna izquierda donde los 3 huesos se fracturaron, estuve en cama por más de siete meses, y mi recuperación llevó mucho más de un año, de un momento a otro, como un abrir y cerrar de ojos, nos damos cuenta de que somos vulnerables, que la vida es nada más y nada menos que un suspiro y que en un momento puedes perderlo todo.

¿Cómo saben qué será de su vida el día de mañana? La vida de ustedes es como la neblina del amanecer: aparece un rato y luego se esfuma. *Santiago 4:14 (NTV)*

Luego de tener dos años de vivir, muy felices, tranquilos, habiendo sido acogidos por una ciudad que desde que nos recibió abrió sus brazos para protegernos, ahora nos sentíamos solos, atrapados, sin familia, y por si eso fuera poco, con una deuda en el hospital, una mujer llorando y desesperada en una cama, porque no podía moverse, tres pequeñas niñas que iban y venían solas de la escuela a las que les tocaba limpiar, lavar, cocinar y cuidar de su madre, y un esposo, afligido, trabajando horas extras para poder solventar los gastos que habíamos adquirido. Tuvimos la enorme bendición que mi madre viniera unos meses a ayudarnos, a dirigir la casa y las chicas, tenerla fue un verdadero alivio y cuidado amoroso para mí y mi familia.

Ese fue el mecanismo que Dios usó para llamar mi atención, para hablarme al corazón y para iniciar un ministerio, no personal, sino familiar, Él quería usarnos a los cinco para sus propósitos, pero cuando hay una mujer que se resiste en casa, hay que empezar por allí.

Luego de varios meses que para mí fueron como varios años, de pelear con El Señor, no quería hablarle ni escucharlo, solo quería reclamarle. Él como siempre educado, caballeroso, teniéndome toda la paciencia, me dio mi tiempo. Esperó que dejara de pelear y ya que tenía listo mi corazón, inició su trabajo personal conmigo, al punto, que los últimos meses de recuperación yo me encontraba con mucha frecuencia frente a la zarza; experimenté en mi vida y corazón un cambio radical, Dios estaba cambiando mi forma de pensar, de sentir, de ver la vida y sobre todo a pensar en otras personas.

Él estaba haciéndome un llamado a servirle, me di cuenta de que necesitaba iniciar con las pequeñas cosas de mi vida, las cuales iban a determinar las grandes cosas. De esa forma inicié dando pequeños pasos de fe, pasos hacia la mujer que Dios quería que fuera, no la egoísta que pensaba y estaba feliz únicamente en su casa, cuidando principalmente de mis hijas y esposo, sin importarme si el mundo se desplomaba fuera de las paredes de mi hogar.

✦ Somos hijas legítimas

Jesús quería liberar mi corazón, llevarme a una nueva dimensión en donde pudiera vivir plenamente libre, Él quería redimirme, quería darme salud y libertad completa e integral, liberarme de mis temores, miedos, baja autoestima, estaba interesado en un todo de mí, liberarme el alma, cuerpo y espíritu. Mis excusas para servirlo eran muchas pero la realidad es que no tenía el sentido correcto de mi vida, sentía sin decirlo o pensarlo, bajo valor de mí misma, para poder ser útil y servir a los demás.

No sé si te pasa a ti, pero si hemos crecido en el evangelio, nos acostumbramos a frases, consejos y hasta a principios bíblicos a los que ya no les ponemos la debida atención, por escucharlos con regularidad y poco a poco, nos perdemos en nuestros pensamientos y escuchamos más lo que la gente nos dice en la calle que lo que Dios o nuestros líderes en la iglesia, y nos cuesta creer y basar nuestra valía en quien verdaderamente eres, en tu identidad de hija de Dios y no en la posición, en las riquezas, en tu belleza o edad, si eres conocida o no, nuestro valor está en que somos hijas legítimas de Dios.

No enfrentes los días con temor, con afán, sintiéndote y actuando como hija ilegítima cuando no lo eres.

En esa clase de amor no hay temor, porque el amor perfecto expulsa todo temor. Si tenemos miedo es por temor al castigo, y esto muestra que no hemos experimentado plenamente el perfecto amor de Dios. *1 Juan 4:18 (NTV)*

Luego de aproximadamente un año de preparación, que Dios trabajó para lo que Él quería hacer, tuvimos que hacer a un lado nuestros propios planes, como seres humanos nos preocupamos y ponemos atención en lo que la gente dice de nosotros, no en lo que Dios piensa de nosotros, y es ahí donde nuestras prioridades son tergiversadas por el mundo y la sociedad donde vivimos.

Luego de este tiempo, Dios abrió la puerta que Él quería abrir, y la realidad por la que había movido nuestro corazón para buscar el sueño Americano, a Hassen le hicieron la invitación a trabajar con algunas iglesias del estado de Texas, para ayudar en la estrategia, grupos pequeños y crecimiento de la iglesia, de esa forma con el corazón trabajado y moldeado y luego de un año de preparación, nos vemos nuevamente, rumbo a lo desconocido, dejamos amigos, iglesia y nos dispusimos a cumplir el plan y propósito de Dios y nos mudamos a la ciudad de Houston en Texas.

✦ **Nuevo Comienzo**

Aquí inicia otra nueva etapa de nuestras vidas, que te contaré más adelante, cómo fue el inicio de nuestra iglesia *"Lluvias de Gracia"* en esta ciudad.

Quiero cerrar haciendo mención que cuando El Señor tiene algo preparado; Él tiene el propósito específico para tu vida, así te mudes a la China, así cabes un hoyo en lo profundo de la tierra o así seas tragada por un gran pez en el fondo del mar, no hay un solo lugar donde puedas esconderte de la presencia de Dios, no esperes a que Él trate de una forma fuerte en tu vida, ni que Él necesite quebrarte la patita para que entonces puedas quedarte quieta y logres escucharlo.

Como mujer, debes saber que tienes un papel y una asignación importante, y que debes cumplirla bajo cualquier costo, todas y cada una de nosotras no estamos aquí por error, ni por equivocación o casualidad; Dios planificó tu nacimiento mucho antes de tu gestación, Él sabía todo respecto a ti, cada don y cada talento que te regaló, fue porque sabía que te iba a ser necesario, para usarlos en el lugar que te encontraras, quizá fuera de las fronteras de tu país, fuera de la comodidad de tu hogar, fuera de la costumbre y monotonía con la que nos envolvemos cuando estamos únicamente al cuidado y atención de nosotras mismas.

Si no estás preparado para morir, no estás preparado para vivir.

Si logras sentir en este momento el latir de tu corazón, que tu vida necesita recobrar brillo y sentido, si crees que necesitas hacer cambios radicales para convertirte en la mujer que sabes Dios quiere y que seguramente tú has soñado, te invito que hagas una oración de poder, y le digas a Dios que estás dispuesta, que quieres escuchar su voz y que te prepararas para la asignación que Él quiera darte.

No es posible ni es coherente que Dios haya puesto en ti dones, talentos, virtudes y no sirvan a otros, seguramente son para aliviar del dolor y la desgracia a personas menos afortunadas a ti. Sin importar cuál sea tu habilidad debes de estar segura de que es para aliviar alguna necesidad cerca de ti.

Con tu talento podrías llegar muy lejos, pero con Dios ¡Podrás subir muy alto!

PASOS DE *FE*

Para ser grande en la vida, solo necesitas ser humilde de corazón.

◆ **FE EN ACCIÓN**

Tenía mil excusas, pero elegí no esconderme detrás de ellas....

PASOS DE VALOR

PASO #5
PROHIBIDO COPIAR

En varias etapas de mi vida, como mujer, madre, esposa o como pastora, me he encontrado en algunos momentos muy difíciles, que quizás hoy me dan risa, pero que en su momento me han hecho sentir incómoda, triste o de bajo valor, es el hecho de compararme en cualquier área de mi vida, que lo he hecho un sin número de veces. Pensamos que no somos lo suficientemente inteligentes y capaces para desarrollar nuestro rol, para aquellas responsabilidades que la vida nos ha asignado, la verdad, mi querida amiga, lo digo con toda sinceridad, las comparaciones nos matan, nos arrastran a ríos que no tienen buen final, por eso hoy quiero gritarte apasionadamente que las comparaciones son malas, Dios tiene visiones, para cada una de nosotras, de acuerdo con nuestra medida. Que nadie más puede hacer mejor que tú.

No seas una mala imitación, solo podrías ser la Segunda de alguien más. ¿Por qué quieres ser imitación, cuando eres la original?

Compararte continuamente no suele ser una buena fórmula para aumentar la autoestima, sino todo lo contrario. Las personas perfeccionistas tienden a compararse todo el tiempo con otras personas y a sentirse en posición de inferioridad. Cuando la comparación viene del exterior, es decir, de otras personas, tal vez es más fácil hacerle frente, pedir que se dejen de lado o hacer caso omiso. Sin embargo, cuando vienen de uno mismo, suele ser mucho más difícil hacerles frente, sobre todo porque en la mayoría de los casos las comparaciones suelen hacerse con respecto a personas con una gran cantidad de logros, virtudes y atributos positivos, por lo que es habitual minusvalorarse al hacer tales comparaciones.

En otros casos, el perfeccionismo y la baja autoestima pueden llevarnos a tener incluso una percepción deformada de uno mismo. Dicho de otra forma, existe un complejo proceso psicológico que puede llegar a hacernos sentir inferiores a raíz de una comparación con otra persona, aun cuando en tal comparación la diferencia que vemos no exista.

Esto es muy común por ejemplo entre aquellas personas que sufren de anorexia, que tienen una imagen distorsionada de sí mismas que hace que al compararse con otras personas o con modelos y artistas, se vean más gordas cuando en realidad no lo son.

Lo más importante para lograr aumentar la autoestima es saber comprender que todas las personas son diferentes y también lo es la vida y las circunstancias de cada uno. Mortificarse porque alguien ha obtenido un logro más, una mejor nota, un mejor puesto de trabajo o porque tiene ciertas comodidades en la vida, nunca es bueno. Uno debe aprender a mantener su propia vida y establecer sus propios parámetros, metas y objetivos, basados en lo que uno quiere y no en lo que los demás han podido lograr.

Por supuesto que hay mujeres que nos inspiran, de las que queremos aprender, no hay ninguna dificultad con eso, lo malo, es querer adaptar a tu propia personalidad, gestos, palabras y hasta forma de actuar de la persona que te gustaría ser, la realidad es que únicamente podrías llegar a ser el número dos de alguien más.

Te has puesto a pensar que cuando Dios te creó, Él sonrió. ¡Sí! Sonrió.

Si esto es así, ¿Por qué nos cuesta tanto aceptar y estar felices con la forma en que Dios nos hizo? Y lo que aún se vuelve más increíble, porqué tantas personas en el mundo tratamos de cambiar nuestra identidad, tratando de convertirnos en la persona que no somos. Dios te formó con y para un propósito específico.

Tienes un trabajo y una asignación que nadie fue creado para realizarlo más que tú.

✦ **"Eres perfecta porque eres tú"**

Hay billones de personas sobre el globo, pero cada una nacimos para un propósito diferente, no fuimos creados dos para la misma asignación. Has escuchado decir que el mayor enemigo de lo excelente es lo mejor. El enemigo que la mayoría de nosotros vamos a enfrentar somos nosotros mismos, aquellas voces dentro nuestro que nos dicen, eres un fracaso, no lo vas a lograr, tu belleza no es suficiente, tú no vales nada, imítala a ella, es mejor que tú, has lo que ella hace. Es allí donde iniciamos a imitar, porque es mucho más sencillo imitar que ser original.

✦ Todos fuimos creados para ser el primero

Tú eres esa persona única y singular que tiene propósito y sentido, no realizando el papel de otra persona. Quita tu mirada de alguien más, quizá esta persona esté llena de cualidades, talentos que te encantaría poseer, te invito a que descubras los tuyos. Estoy segura de que eres poseedora de excelentes aptitudes que Dios planificó para ti. Vuélvete una investigadora y analista de tu propia vida, cada una de nosotras necesitamos descubrir la huella digital de nuestra propia personalidad.

Deja de poner tus ojos en alguien más, ponlos en Dios y estoy segura de que encontrarás una vida llena de felicidad y contentamiento en como fuiste planificada, recuerda que el contentamiento no es obtener todo aquello que deseamos, sino encontrarte satisfecha con lo que tienes y quién eres.

✦ Ninguna de nosotras es un accidente

En Dios no existen los accidentes, quizás fuiste un embarazo no deseado, a lo mejor eres la colada, la que ya no estuvo planificada, o eres producto de un abuso marital o peor aún de una violación. Como humanos le ponemos calificativos a nuestra vida, pero Dios no, para Él nunca existió el accidente ni el error; para Él Tú eres planificada.

Para llegar a ser la persona que Dios quiere que seas, por favor, usa lo que Él te ha dado, tus deseos centrales del corazón, tus instintos, tus gustos, tus anhelos, ponte propias metas, ten sueños, realiza cada una de las cosas que te hagan vibrar, todo aquello que de un momento a otro te ponen como en una montaña rusa. En un segundo estás en la cima en el punto más alto y en seguida tu vida da vuelta como un vértigo, y cuando siente que vas a estrellarte contra el piso, de repente una fuerza sobrenatural, te hace estar nuevamente cerca al cielo, esa debería ser tu vida, llena de emociones, de momentos apasionados, de sensaciones en el que tu estómago está en tu garganta y que sientes que el corazón late a mil por hora, esa debería ser la clase de vida que todas anheláramos vivir, una vida que nadie pudiera disfrutar ni vivirla por ti, porque es la tuya. Para todo aquello que fuiste creada y que solamente a ti te dará satisfacción hacer.

✦ Utiliza todo aquello que Dios te ha dado

Sigue su plan que es único y perfecto, resiste abiertamente la imitación, rehúsate a vivir la vida de alguien más y será ahí únicamente ahí que iniciarás a vivir sin límites, tropiezos ni quebrantamientos. Dios te creó apasionada, plena, viva y sin remordimientos.

La imitación es limitación (John Mason)

Nadie jamás llegó a ser grande imitando: la imitación es limitación. No seas una copia de algo. Haz tu propia impresión. Atrévete a ser quién eres.

El que no tiene una opinión propia, sino que depende de las opiniones de los demás, se hace un esclavo del mundo. (Fredreric Klopstock)

No puedes pasarte la vida soñando con la persona que se supone deberías de ser: eso te hace desperdiciar la persona

51

que eres. No podrías ser más frustrada y desdichada que la persona que se la pasa anhelando ser alguien diferente. Cada una de nosotras deberíamos tener un plan específico para nuestra vida, sino lo tienes seguramente estarás cumpliendo el plan de alguien más, no puedes ser aquella persona que se amolda para agradar a los demás, para encajar, agradarás a todo el mundo, pero te desgastarás a ti misma.

Debes tener la convicción que eres maravillosa. No importa lo que digan los demás...

Que el anhelo de tu corazón nunca sea tan fuerte como cuando decides ser tu misma.

Me encanta la frase dicha por Doris Mortman *"Hasta que usted no haga paz con quien es, nunca va a estar contento con lo que tiene"*

Desde el inicio del libro, y la base de toda esta semana que estaremos tocando específicamente el tema del valor, quiero recalcar, que hay solamente una vida para ti. Debes caminar por tu propia senda y dejar incrustadas tus propias huellas.

Tenemos tantos problemas y nosotras mismas nos sometemos a tantas dificultades por no conocernos correctamente, pasamos por alto nuestros propios deseos y virtudes, me he encontrado con mujeres que les hago preguntas muy sencillas como: ¿Cuál es tu color preferido? ¿Cuál es tu pasatiempo favorito? Y pareciera que les hice una pregunta sobre química o el universo, empiezan a tartamudear pensando qué responderme rápidamente sin verse mal. Parece increíble, pero me pasa con regularidad, he tenido respuestas como; me gustan todos los colores, no tengo pasatiempos. Son respuestas casi increíbles, porque en nuestra configuración todas absolutamente todas, tenemos cientos de cosas que nos gusta hacer para disfrutar y relajarnos, así fuimos creadas y así es nuestra configuración, pero muchas de nosotras no nos hemos convertido en estudiantes de nosotras mismas.

✦ Se Original

Una de las cosas más hermosas de la vida es ser original. Pero para ser original debes conocer con precisión todo acerca de ti. (Di no a la piratería).

Es tan desgastante, ser la persona que la gente quiera que seas, si te has estudiado y te conoces es más fácil ser tu misma, no permitas que la gente te empuje hacia la dirección que ellos deseen, nada en la vida te producirá más extenuación y frustración que tratar de vivir con los estándares de otra persona. Piensa menos en ti, y no menos de ti.

Envejecer es natural, pero crecer es intencional.

El deseo cada mañana al levantarte debería de ser; tengo una nueva oportunidad para crecer, para descubrir algo nuevo en mí. Hasta la persona más sencilla, humilde e inclusive un pequeño niño, podría darte una lección de vida, si tú estás dispuesta a que cada ser humano pueda enseñarte algo importante.

✦ Modelo Exclusivo

Una analogía que podemos usar y que me llama mucho

la atención, es la que he leído en diversas ocasiones, un ejemplo muy simple pero que te hará pensar lo única y exclusiva que eres. Una de las cosas que hace que la alta costura de los modistas de París y Nueva York sea tan cara, es que son modelos exclusivos. La mujer que se compra un modelo exclusivo de Chanel o Yves Saint Laurent sabe que no le va a ver su vestido puesto a otra mujer. Está segura que va a usar una prenda que está confeccionada cuidadosamente, y hecha exclusivamente a su medida.

Ella sabe que su vestido ha sido creado con singular cuidado. Y que, si está dispuesta a pagar un alto precio por esa prenda exclusiva, nadie más la tendrá.

Esa debería de ser la forma de mirar nuestra propia vida. Dios nos ha creado de tal manera que no se pueda reproducir y no se pueda duplicar, tú y yo somos modelos únicas y exclusivas, Él selecciona cada aspecto de nuestra personalidad, crea cada habilidad y talento que nos da y pone especial atención en cada una de nuestras características, dones y cualidades.

Hemos sido creadas por las mismas manos de Dios en el vientre de nuestra madre. Nos ha formado para que cumplamos un rol específico en su plan soberano.

Debes creer y estar segura de que también tú eres parte del plan. Dios te creó para que fueses única. Tus impresiones digitales son diferentes de cualquier otra; no sólo de cualquier persona que viva hoy en día, sino de cualquier ser humano que jamás haya existido.

Lo mismo sucede con tus manos, tus pies, tu voz y tu código genético. Nadie tiene la combinación de rasgos físicos que tú tienes. Nadie más tiene tu juego de genes. Nadie más ha sido colocado por Dios exactamente en tu familia, con tus amigos y conocidos, en tu ciudad y estado o siendo miembro de tu iglesia y comunidad.

Ninguna persona exactamente igual a ti ha sido colocada sobre la faz de la tierra en este mismo momento histórico. Ninguna otra tiene las mismas experiencias de vida que tú tienes. Ninguna otra tiene tus mismos talentos y tu personalidad, tu fortaleza, tus debilidades, tus capacidades e incapacidades, tu destreza, tu aprendizaje y las relaciones que tú tienes. Dios te ha creado en un cuerpo físico que se adapta específicamente a esta tierra. Él te ha creado con una cantidad determinada de cabellos y latidos en tu corazón.

Es tan común sentirnos fracasadas, frustradas porque damos un vistazo a nuestro pasado y sumando nos damos cuenta de que no todas las cosas nos han salido bien y que más pareciera que hemos restado; El fracaso no es caer, es permanecer caído. Necesitas asegurarte de que eres amada de la misma manera tanto en los días en que sientes que has hecho un buen trabajo como en los que sabes que lo echaste todo a perder.

Vive la vida no solo a lo largo sino también a lo ancho.

✦ Dios es el único que no cambia

Sabes, algo tan maravilloso Dios sabe todo sobre ti, Él sabe la largura de tus días y los límites de tu potencial. Él te ha diseñado con facetas y dimensiones que ni siquiera imaginas. Dios no te creó para que fueras la segunda de nadie más, ni para que no fueras la número uno de tu propia vida. Te hizo con la capacidad de crecer, desarrollarte, cambiar y adaptarte. Solamente Dios no cambia. La gente cambia. Envejecemos, ya sea que lo queramos o no. Transpiramos, aunque no queramos. Como parte de tu capacidad de cambiar y crecer, Dios te ha dado el poder de elegir de tomar decisiones y ejercitar tu propia creatividad.

Él te ha dado la habilidad de cambiar lo que piensas acerca de ti misma. Tienes una fuerza interior increíble que es tu responsabilidad descubrir.

En otras palabras, y lo mejor que puedo decirte; Dios te ha dado la capacidad de arrepentirte de tus pecados, si, aquellos que traen tanto dolor, frustración y hasta enfermedad, Dios te da la oportunidad de empezar de Nuevo, de cambiar tus pensamientos, la Biblia dice; que somos poseedoras de la mente de Cristo, esto Significa que tenemos una mente renovada y limpia, cuando Cristo murió, también murió con Él nuestro pecado solo debemos arrepentirnos y confesarlo a Él.

Jamás persona alguna ha sido exactamente como tú. Y nunca nadie será como tú. Dios no se repite a Sí mismo. Por lo tanto, no hace nada repetido, ya que no existe otra mujer como tú, debes seguir adelante y ser tú y creer que es extraordinario ser tú. Debes desarrollar amor por tu propia individualidad y singularidad.

¿Cómo te sientes?

¿Te gusta la persona que Dios ha diseñado en ti? Puedes mirarte en el espejo y decir: Dios bueno ¡Mira esa belleza, que gran obra de arte la que tú hiciste! ¿Alguna vez has celebrado tu vida y singularidad? ¿Has alabado a Dios por la forma en que te ha creado? Si no lo has hecho, ¡Hoy es un buen día para empezar! Hoy puede ser el primer día del mejor año de tu vida.

Festeja el hecho de ser un modelo exclusivo.

¡No hay nadie como tú!

Di:

Yo_____
te agradezco Dios, por tu gran amor y por la singularidad y belleza que poseo, reconozco tener una vida única e inimitable, gracias porque nunca ha existido ni existirá otra persona igual ni parecida a mí, soy única y excepcional.

Te alabaré, porque asombrosa y maravillosamente he sido hecha; maravillosas son tus obras, y mi alma lo sabe muy bien. *Salmo 139:14*

◆ **FE EN ACCIÓN**

Tienes una fuerza interior increíble. Es tu responsabilidad descubrirla. Debes desarrollar amor por tu propia individualidad y singularidad.

PASOS DE *VALOR*

Me acuerdo de tu fe sincera, pues tú tienes la misma fe de la que
primero estuvieron llenas tu abuela Loida y
tu madre, Eunice, y sé que esa fe sigue firme en ti.

2 Timoteo 1:5 (NTV)

PASO #6
*L*EGADO

Hace algún tiempo tuvimos un espectacular día de chicas, uno de los temas centrales de ese hermoso día fue que aprendimos sobre *"Legado"*; todo aquello que dejaremos en la vida de nuestros hijos y quienes nos aman, que durará por generaciones, sea bueno o malo.

Considero que cuando hablamos sobre legado, inmediatamente piensas en las cosas buenas o malas que tú has recibido de tus padres y abuelos, o quizás tu primer pensamiento sea qué es lo que tú estás dejando a tus hijos, nietos o más allá piensas en tus próximas generaciones. Es como pasar un escáner y saber si estamos actuando correcta o incorrectamente, y lo que nosotras hagamos sea bueno o malo, está siendo supervisado minuciosamente, por las personas cerca a nosotras, y en tu caso particular si eres madre, me imagino que sientes un peso muy grande al pensar que cada acto que realices, no tanto lo que dices sino lo que haces, está siendo supervisado y adoptado por tus hijos.

Si has escuchado la frase que dice: *"Tus hechos hablan tan fuerte que no puedo escuchar tus palabras"*. Esto es lo que Significa "Legado" todo aquello que dejamos en la vida de los demás, y que recordarán de nosotros siempre.

La definición de Legado, por el diccionario cristiano es: *"Nos estamos refriendo a la transmisión de principios morales, valores, ideas y modelo de una generación a otra. Un legado es una herencia con el objetivo de seguirlo, vivirlo y compartirlo con las futuras generaciones."*

✦ **El legado cristiano tiene que ver con ser semejantes a Jesús**

Ahora mismo que estoy escribiendo este pensamiento, vino a mi mente mi madre, recuerdo claramente como si fuera ayer, como ella fue la primera que recibió a Jesús como su Salvador en mi familia. ¡Sí! fue mi madre la primera en conocer a Jesús; e iniciar así un legado, que transformaría la vida de nuestras generaciones, ella inició un nuevo legado, pasándomelo a mí, yo a mis hijas, e hijas espirituales.

Me siento identificada con el nombre de este libro, *"Pasos de Fe"* de igual manera es el nombre que llevan nuestros eventos de mujeres en la iglesia, no sé qué piensas cuando lees el nombre, si logras identificarte o no, si piensas en tu vida y crees que para dejar un legado que trascienda a tus generaciones, necesitas dar pasos de fe, pasos que te acerquen a la mujer que anhelas ser.

Para caminar con fe, te invito a que experimentes cada instante de tu vida, una búsqueda apasionada con el creador, el que te formó y el que te conoce mejor de lo que tú misma te conoces, que experimentes vivir en lo sobre natural.

✦ Nuestra vida es una carrera

Pensemos en la vida como una carrera, desde el momento de tu gestación, tienes que correr para ganarle a miles de espermatozoides que quieren llegar a la meta antes que tú. La Buena noticia que fuiste el vencedor, llegaste primero y eso ya te hace un triunfador, iniciaste tu vida con éxito, pero desde ese momento en adelante, luego de tu nacimiento, necesitas seguir así, corriendo, luchando, para avanzar y llegar a convertirte en esa persona, que puedan recordar. Que tu paso por esta tierra sume y sea fundamental.

✦ Conviértete en una de esas personas que vale la pena conocer

En la Biblia el apóstol Pablo, da instrucciones a Timoteo de esta manera: He peleado la buena batalla, he terminado la carrera y he permanecido fiel. *(2 Timoteo 4:7)*

Ni el más rápido ni el de más experiencia es el que gana la carrera; porque la carrera quizá en esta tierra termina al morir... pero es en ese punto donde inicia palpable nuestro legado. Es de mucha importancia cómo se pase la estafeta en las zonas de cambio, en mi propia filosofa de LEGADO, considero que inicia, cuando nuestros hijos crecen y empiezan a vivir sus propias vidas fuera de casa. Es en este lugar, donde se ve lo que como madre pudiste plantar y enseñar en la vida de tus hijos. En Estados Unidos es regular, y parte de la cultura que cuando los jóvenes terminan su educación media y van al colegio, a la temprana edad de diecisiete o dieciocho años, se van de casa, por motivo de estudio, de trabajo y con mucha facilidad se mueven de una ciudad a otra, visitando a sus padres únicamente en días festivos como navidad y el día de acción de gracias. Los jóvenes son adultos por cultura y no por edad y madurez.

Contrapuesto a nuestra cultura hispana, la mayoría de nosotros hemos sido enseñados que nuestros hijos no vuelan tan pronto ni se van a tan corta edad del hogar, sino que salen a correr su propia vida hasta el momento de contraer matrimonio. Ya sea que iniciaste tu vida independiente a muy corta edad, o tengas la oportunidad de estar en casa con tus padres hasta una edad adulta, ese es el momento que se ve qué legado dejaron tus padres sobre ti; qué fue lo que aprendiste de ellos, esto se ve y se expone cuando inicias tu propia carrera fuera del hogar. "De tal palo tal astilla"

◆ Legado de bendición

Tú puedes haber recibido un legado de bendición o maldición, lo importante es qué vas a dejar ahora, bajo tu propia responsabilidad, a tus próximas generaciones.

Sin importar quiénes fueron tus padres, lo importante, ahora, es quiénes serán tus hijos.

Por lo tanto, ya que estamos rodeados por una enorme multitud de testigos de la vida de fe, quitémonos todo peso que nos impida correr, especialmente el pecado que tan fácilmente nos hace tropezar. Y corramos con perseverancia la carrera que Dios nos ha puesto por delante. *(Hebreos 12:1)*

Pablo está mencionando las cosas que nos impiden correr... La vida es muy difícil, la carrera no es fácil.

✦ ¿Cuál es tu historia?

La realidad, todas las historias son muy parecidas, de hecho, la mayoría tiene similitudes. Todas hemos sufrido. Todas hemos pasado momentos desgarradores que no le desearíamos a nadie. Hemos sufrido en diferentes escalas, épocas, países y culturas. En mi propia experiencia; las personas demandan mucho tiempo, quieren contarnos su historia paso a paso, creyendo que nunca hemos escuchado algo similar, y que lo que les ha ocurrido o por donde han pasado es única y exclusivamente de ellas. Creen que a nadie más le ha sucedido, ni logran imaginar su dolor, luchas y sufrimientos. Todos tenemos un pasado muy difícil que superar. Los temas, historias parecidas; humillación, maltrato, golpes, vicios, violaciones, rechazo, muerte, sexo, abuso, abandono, aborto, pecado, ataduras, adicciones, etc. Por supuesto, no todos los casos son iguales, ni todos son tan fuertes, pero si hay similitudes en situaciones que como mujer hemos tenido que pasar y superar.

Cada una de nosotras está viviendo una historia, pero depende de la condición de nuestro corazón si vamos a vivir en libertad o en esclavitud.

La vida cristiana no es una carrera en el parque, ni es un centro de diversiones, tampoco es el zoológico, sino ¡es una larga carrera de fe!

✦ El Refugio

Quiero invitarte a que lleves todo tu dolor a la Cruz de Cristo, que puedas dejar en ese lugar seguro, un refugio donde encontrarás la paz que tu alma necesita, donde puedes encontrar liberación y transformación para tu vida.

El Señor llevó todas tus cargas, todas tus transgresiones y por medio de la sangre derramada de su Hijo, tú y yo alcanzamos perdón y liberación.

Es asombroso y hasta difícil creer, que una pequeña oración pueda transformar radicalmente tu vida, pero déjame decirte que sí. Si crees en Jesús como tu Salvador, crees que Él resucitó de los muertos, entonces serás salvo y más aún, serás libre de todas las ataduras y amarguras que te han dejado huella del pasado.

Pues es por creer en tu corazón que eres declarado justo a los ojos de Dios y es por declarar abiertamente tu fe que eres salvo. Romanos 10:10 (NTV)

✦ Somos responsables de la nueva generación

Cuando una madre tiene un corazón libre ese hogar está vivo, hay paz y puede dejar un buen legado a sus hijos. Cuando tengo la oportunidad de compartir; uno de mis temas favorito; es sobre las madres. Su estabilidad y equilibrio en el hogar, digo en forma de broma, pero en realidad no lo es, que si una mujer (madre) está triste, aburrida, mal humorada, grita todo el tiempo y no utiliza bien su boca para el trato de su esposo e hijos, ese hogar es en extremo un caos, todo mundo está infeliz, todos se sienten molestos y seguro se gritarán unos a otros. Por el contrario, una madre serena, estable, que no es de doble ánimo, seguramente en ese hogar hay un ambiente de paz, se respira tranquilidad y cada integrante podrá cumplir su rol y función de una mejor forma.

Dicho de una manera simple; las mujeres somos la estabilidad y equilibrio de nuestro hogar, deberíamos tomar nuestra función con responsabilidad, debemos ser conscientes que estamos marcando de forma única e inevitable la vida de nuestros hijos y si eres como yo, que han pasado las maravillosas primaveras por ti, y no únicamente sientes responsabilidad por tus hijos, sino por los hijos de tus hijos. Es aún más grande el compromiso de ser mujeres felices, estables y sobre todo te invito a que te conviertas en una mujer increíble, nunca pierdas el sentido del humor, se divertida, ríete de ti misma, se feliz.

Tengo la dicha de tener cinco nietos, son una de las alegrías más grandes de mi corazón.... Y así de grande es la responsabilidad que siento de formar esta nueva generación, que tan atacada está siendo por la globalización, por redes sociales y un mundo de información que antes nosotros no teníamos. Es ahora cuando necesitamos ser firmes y seguras en lo que creemos y como se lo transmitimos a nuestros hijos y nietos.

La mujer sabia edifica su casa; la necia, con sus manos la destruye. *(Prov. 14:1)*

✦ ¿Qué hubiera sido de Adán?

Estaba el pastor enseñando sobre la importancia del matrimonio. Entonces, preguntó, "¿Qué hubiera sido de Adán, si no fuera por Eva?" Entonces le contestó uno de los hermanos: *"¡Estaría en el Paraíso!"*

Una mujer que ama y goza de la libertad de su corazón, da lo mejor de sí, aunque esté pasando los momentos más difíciles y críticos de su vida.

Que te parece si en este momento tratas de identificarte conmigo, piensa en momentos duros y difíciles de tu vida, pero que, a pesar de las circunstancias, trataste de dar lo mejor de ti, a tu familia y amigos, porque entiendes, que cada cosa y reacción de tu vida, es el legado que dejarás, ya sea de bendición o de maldición.

Piensa en un breve momento en tus reacciones, cómo actúas ante los momentos difíciles. Es muy fácil ser amable, de buen humor cuando todo marcha bien, pero somos probadas, en medio de la crítica, del abuso y las crisis. ¿Cuál es tu reacción? Siempre hay más de un par de ojos observándote.

Es curioso, el comentario de algunos chicos; por favor hable con mi mamá, dígale que está mal lo que hace, ha pasado varios días sin salir de su cuarto, llorando, sin bañarse, no ha comido; los jóvenes se sienten desesperados por el carácter de una madre, depresiva, molesta, exigente, autoritaria, que en lugar de ser ellas la motivación y estabilidad de sus hogares, los hijos tienen que dar la cara y tomar la posición de madurez, para ayudar a una madre que no encuentra refugio ni equilibrio en Dios. Sin ni siquiera pensar que nuestros actos trascenderán la barrera del tiempo, porque ese será el legado que en momentos dejamos a nuestros hijos, un legado de maldición.

Es un buen tiempo para dar un paso de fe y te conviertas

en esa mujer que vive al máximo, la segura, serena, estable, equilibrada y feliz.

✦ Feliz no significa perfecta

Jugamos con los sentimientos de nuestros hijos, cuando no los respetamos y los tratamos como esas personas importantes y singulares las cuales Dios nos ha dado el privilegio de criar, educar y cuidar.

Recuerda que ser una mujer feliz no significa ser perfecta. La perfección no existe, los hijos aman a las madres imperfectamente felices.

Quiero recomendarte, al terminar de leer el capítulo de hoy, leas proverbios 31:10-31. Pero hazlo en forma de oración. Ve orando cada verso, subraya las áreas que El Espíritu Santo te indique que necesitas hacer crecer. Dios que es bueno y misericordioso te dará de acuerdo con tu fe.

✦ FE EN ACCIÓN

Conviértete en quien más admiras.

PASOS DE *VALOR*

De hecho, sin fe es imposible agradar a Dios.
Todo el que desee acercarse a Dios debe creer que él existe y que él
recompensa a los que lo buscan con sinceridad.

Hebreos 11:6

———————◆———————

PASO #7
SOMOS LA IMAGEN VISIBLE DE UN DIOS *INVISIBLE*

Para terminar la primera semana sobre *"Valor"* un tema que apasiona mi corazón, es la fuente de mi energía y el que me da ese deseo de ayudar a cada mujer que se encuentra cerca de mí y que nos permite, juntas encontremos nuestro verdadero valor e identidad, en el lugar correcto, la esencia de nuestra vida, que está fundamentada en el carácter de Dios. Tengo un pensamiento incrustado en mi mente, y se lo digo a cada chica, cuando siento que no recupera valor de ningún lado y es que nosotras como hijas de Dios, claro si le has abierto tu corazón como Salvador, nos convertimos en esta tierra en la imagen visible de un Dios invisible, mucha gente en el mundo nunca sabrá sobre Dios, más que conocerte a ti, así que deberíamos de la forma más responsable ser esa imagen fuerte, amorosa y valiente.

Cuando Dios es el que da vida a tu identidad, es cuando descubres tus capacidades, cuando sabes cuáles son tus responsabilidades, usas correctamente tus dones; es ahí donde empiezas a forjar las grandes posibilidades de tu vida.

Hace alguno tiempo, pasé una fuerte crisis espiritual, estuve charlando con varias adolescentes que me partieron el corazón. Y no únicamente jóvenes de mi iglesia, sino chicas que acudían a mí, inclusive por las redes sociales. Fueron un sin número de casos de mujeres con maltrato, abuso familiar y de todo tipo.

Fue tanto el shock emocional en el que entré, que pase un tiempo de aislamiento, orando y pidiendo a Dios, que ayudara a estas chicas, que en realidad tengo un afecto especial por ellas. Escuché claramente la voz de Dios demandando más de mí, y que priorizara este tema, antes que cualquiera de los otros ministerios en los que me encontraba involucrada.

Una de esas madrugadas estaba orando y pidiendo al Señor, escribiendo algunas notas, cuando mi hija mayor Ale, que en esa época vivía en Australia me escribió, para ella era la tarde del día siguiente, y me decía, mami ya inicia el ministerio, tenemos que ayudar a todas esas chicas que están viviendo un infierno a tan corta edad, porque no están las personas correctas para enseñarles cómo cuidar de ellas. Estas palabras de Ale golpearon mi corazón.

Ya habíamos hablado algo de separar a las mujeres en edades, pero no sabíamos cómo formar el ministerio, ni cómo trabajar las diferentes necesidades. En realidad, lo que yo más anhelaba era darles valor, amor, levantar su autoestima, que no se sintieran culpables y sobre todo que cada una de ellas, pudiera encontrar su identidad en Dios, y ser para ellas una plataforma, alguien que las levante y las ayude a descubrir el propósito de sus vidas. De esa forma iniciamos a trabajar directamente con las chicas de la iglesia, separándolas según sus diferentes edades, teniendo reuniones trimestrales donde con un equipo capacitado, podíamos escucharlas, darles amor, valor, ayudarles a perdonar y a salir del estado de culpa que muchas veces sentimos, ha sido gratificante trabajar con mujeres de todas edades, caminar juntas y descubrir quienes somos según los principios que encontramos en la Biblia.

✦ Cambia tu vida hoy

Mi deseo es ayudarte si estas pasando un mal momento, a cambiar tu vida hoy. A pedirte que seas fuerte y valiente, que busques cada respuesta de tu corazón, que nunca te des por vencida, una frase que uso con regularidad es que es difícil vencer a una mujer que nunca se rinde, el enemigo quiere robarte toda tu felicidad, robarte la gracia que Dios ha depositado en ti. Si logras encontrar tu verdadero valor y lo defiendes y no te rindes, no abra nada en este mundo que te haga dudar del valor que tienes en Dios, es lo más grande e importante de tu vida, no importa los títulos que te de la gente, tus amigos, la iglesia o la sociedad, importa lo que Dios dice de ti. Fuiste creada para ser feliz, no te distraigas en el camino, escuchando tantas voces externas en las que nos vemos envueltas cada día... créeme las redes sociales no son la guía para tu vida, lo que ves en la pantalla de tu móvil está muy lejos de la realidad de una vida feliz, transparente y sin filtros, esa no es la vida.

Lo que quiero transmitir en este capítulo, es la forma que experimenté por medio del dolor profundo de otras personas, las que fueron usadas para abrir mis ojos no únicamente físicos sino espirituales a las necesidades de la mujer de hoy, en sus diferentes edades y culturas, que han sido lastimadas y maltratadas en sus diferentes esferas, y como esto fue el motivo de iniciar un proyecto que hasta el día de hoy ha logrado ser una luz, una fuente de agua fresca, para todas aquellas que hemos logrado tocar, chicas que se sentían descalificadas, sin valor ni aprobación en la sociedad, por su familia y amigos. ¡Es el mismo motivo por el que fui motivada a escribir "Pasos de fe" un libro que primero nació en el corazón de Dios, y que mi gran intención es que pueda ayudarte a descubrir el extraordinario potencial que hay en ti!

Pero todos los que beban del agua que yo doy no tendrán sed jamás. Esa agua se convierte en un manantial que brota con frescura dentro de ellos y les da vida eterna. *(Juan 4:14 NTV)*

No sé el estado de tu corazón en este preciso momento, cuál es tu condición moral e integral, permíteme recordarte que tienes un valor incalculable, aunque te encuentres en la condición que sea, la más frustrada, la más marginada o la más aceptada, si tienes vida, hay esperanza, si el sol sale todos los días y tú logras verlo o sentirlo, es que hay un camino.

Como expresó el ciclista español, Alberto Contador, luego, de una fractura que lo dejó fuera de acción durante meses: Mientras hay voluntad hay un camino.

Sin importar por lo que estés pasando si tienes voluntad y una buena actitud ante cada desafío, entonces, encontrarás un camino.

♦ **FE EN ACCIÓN**

Se luz. Jamás te conformes con menos porque el mundo necesita desesperadamente todo lo que tú puedes aportar a la mesa.

PASOS DE PERDÓN

———◆———

PASOS DE PERDÓN

Fue por la fe que hasta Sara pudo tener un hijo, a pesar de ser estéril y demasiado anciana. Ella creyó que Dios cumpliría su promesa.

Hebreos 11:11

PASO #8
PERDONAR ES PONER EN LIBERTAD A UN PRISIONERO

Tengo varias semanas de pensar sobre este tema tan importante como es el perdón, precisamente esta mañana pensaba y le pedía a Dios, que antes de escribir sobre el perdón, un tema con el que tenemos que enfrentarnos cada día, me ayudara a ordenar cada uno de estos pensamientos y conceptos; me gustaría compartirles de la mejor y más clara forma posible; para que estas líneas que leerás durante estos próximos siete días, sean liberadoras para tu corazón. Créeme que, desde lo más profundo de mí, no quisiera que leyeras todos los conceptos que seguramente todas sabemos pero que, en realidad, no logramos poner en práctica.

Pidamos a Dios, a través de esta semana nos enseñe a perdonar; pero sobre todo a no ofender. Eso sería mucho más eficiente.

Ama como si nunca te hubieran ofendido.

✦ ¡Fui abusada y solo tú no lo supiste!

Me encontraba frente a una mujer de treinta y tres años, con un rostro no muy expresivo, ojos oscuros, tez morena, y una gran serenidad al relatarme su historia: ¿Sabe? Dijo ella: quisiera decirle que solo fue una pesadilla, una horrible pesadilla, que fue mi imaginación y que en la realidad el abuso nunca pasó. Quisiera pensar que mi sexualidad despertó de forma natural y dentro del plan perfecto de Dios para el matrimonio. Quisiera pensar que nunca me afectó, que soy fuerte y que puedo dominar mis emociones, pero esa no es mi realidad, tengo una dolorosa realidad, un pasado oscuro, con mentiras. Fui sexualmente abusada por muchos años y quisiera pensar que nunca sucedió.

La pesadilla del temor, ayúdame a despertar

Tuve por mucho tiempo cada imagen grabada en mi mente, estaban a la distancia de un parpadeo y de un pensamiento, el abuso es real y doloroso, el proceso para que Dios sanara mi corazón ha tomado más de veinte años, sentía temor cada segundo de mi vida, era una pesadilla de la que nunca podía despertar.

A la edad de quince años tuve mucho valor, para poder hablar con mis padres, contarles este secreto que me estaba matando y ahogando, había descubierto la sexualidad de la forma más trágica que se puede obtener, ya no podía con el peso de la culpa y el gran enojo dentro de mí. Cuando decidí hacerlo, todo fue confuso y oscuro, recuerdo que no sucedió nada de lo que yo imaginé, lo único que deseaba era sentirme segura, protegida, validada por mis padres, y pudieran hacer justicia, castigar al hombre que por cinco años abusó sexualmente de su hija, y no fue así. Su reacción fue, de no digas nada, fue tu imaginación, eres una sucia, todo pasó en tu mente, fue un sueño, que nadie de la familia sepa esto, ante su reacción me hicieron sentir que no les importaba, que la realidad es que estaba sola en el mundo y que ni mis propios padres podrían creer en quien me había convertido.

✦ Dios no vive en la basura

Todos estos hechos, cambiaron el rumbo de mi vida, ya no viví según fui diseñada a ser, fui tan afectada que empecé a creer que en realidad yo había sido la culpable, tenía confusión de mi sexualidad, a los diecisiete años, dije que nunca iba a estar sexualmente con un hombre, y empecé a tener manoseos con mis amigas para llenar la falta de amor y confusión dentro de mí. Pensé que nunca nadie iba a amar a alguien como yo, que mi vida era un fracaso, y seguramente había nacido para sufrir y hacer sufrir a mis padres, que hasta ese momento pensé, sentían vergüenza por mí. Mi vida se había convertido en una basura y seguramente ni Dios podría perdonarme.

✦ Perdonar es dar amor cuando no hay razón para hacerlo

Hace seis años recibí a Jesús como mi Salvador, y ahí comenzó mi proceso de sanidad interior. Con muchas luchas, muchos temores, momentos de sentir desfallecer, ha sido un proceso muy largo, en este proceso entendí, y decidí perdonar a mi abusador, solté todo el odio y el rencor, también decidí liberarme de él, permití que Dios comenzara a sanar cada una de mis heridas, a confiar en Él, en los momentos de tristeza y vulnerabilidad, aprendí a llegar delante de Dios; a no esconder mis sentimientos y admitir que nuevamente me sentía sucia y mal oliente, aprendí a entregarle a Dios todo mi dolor, a no esconder mi vulnerabilidad, a darle cada una de las áreas escondidas en mi corazón, pero principalmente he necesitado perdonar de manera continua y, soltar a la persona que me agredió y comprender que todo tiene un propósito.

Entendí que perdonar es poner en libertad a un prisionero y descubrir que ¡La prisionera era yo!

Esta chica ahora es madre de dos pequeños niños, un esposo que la ama, la valora y está con ella en su lucha constante de mantener limpio y sano su corazón.

Me he encontrado en momentos, que escucho historias tan devastadoras que desgarran cualquier alma humana, y mi pensamiento es, únicamente hay un camino y es el perdón.

Cuando hablamos de perdón, no se trata de acabar con la persona que nos transgredió, sino de obtener una fuerza interior, sobrenatural, venida de Dios, necesitamos acabar con el dolor más profundo e incrustado en nuestro corazón por las heridas que el tiempo, el pasado y las personas, posiblemente las que más amamos, son las que han tenido el poder para hacernos el mayor daño posible.

El pasado debería ser un trampolín, no una hamaca.

Hay tanto que decir sobre el perdón, tanto que tú y yo seguramente hemos escuchado, pero la realidad es que es muy difícil ponerlo en práctica y sentir que alguien nos entiende.

Quiero expresarte que sí, hay alguien que entiende todo tu dolor y frustración, es alguien que, sin merecerlo, llevó todo nuestro dolor, todas nuestras cargas, penas, dolencias y lo más grande y sobrenatural, llevó encima de Él, todo nuestro pecado, todo nuestro odio, todo nuestro rencor y cada una de las heridas del alma que el enemigo ha hecho en contra tuya y mía. Él las llevó a la cruz, El murió. No pienses que, por el resto del mundo, Él murió por ti, para que pudieras gozar y experimentar de una verdadera libertad que la encuentras exclusivamente en la cruz de Cristo Jesús.

✦ Por favor, no acumules ira

Durante mis años como pastora, he visto cientos de veces cuanta destrucción, dolor, frustración e inclusive cuantas enfermedades acarrea un espíritu que no puede perdonar. No es posible explicar el daño emocional, espiritual y físico que produce en nuestro cuerpo el rehusarnos a perdonar.

Alguien ha descrito sobre la falta de perdón; como la acumulación de ira reprimida. Cuando elegimos aferrarnos a nuestro rencor, renunciamos al control sobre nuestro futuro. No logramos apreciar un bello amanecer y cada posibilidad de disfrutar ser felices a cambiado debido a la amargura y el dolor del pasado. La incapacidad de perdonar proviene de la ira.

Cualquier mención que pueda hacerte sobre el perdón, posiblemente la tengas en tus pensamientos. Lo más grande que puedes asimilar en el transcurso de estos días es la verdad más importante acerca del perdón: ¡El Perdón es una Elección! Quiero subrayar que tú tienes el poder para perdonar y ser perdonada.

En los capítulos siguientes, tocaremos el tema del *"perdón a ti misma"* si eres una de esas tantas personas que cree que Dios no puede perdonarte, y que al mismo tiempo no te perdonas a ti misma, seguramente encontrarás respuestas más adelante que te liberarán de ese terrible yugo.

El perdón no es un método que pueda aprenderse sino más bien es una verdad que debe vivirse. Para la mayoría de nosotros el gran problema no es que no sepamos sobre el perdón, el problema, iniciando conmigo, es que hemos reconocido y aceptado la falta de perdón que existe en nuestro corazón, o que simplemente hemos tomado la decisión de no perdonar.

✦ Cuando abrazamos el dolor

Al animarte durante esta semana a que escojas el camino difícil, angosto pero seguro del perdón, no es que quiera darte a entender que por lo que has pasado o las cosas difíciles de tu vida no son reales. Estoy segura de que lo que has sufrido es tan real como tú misma; puede ser que haya áreas en tu vida tan delicadas que difícilmente soportas que alguien las toque o mencione, peor aún, que probablemente es tan duro y difícil que lo has guardado como un terrible secreto en tu vida, que hasta hoy no has tenido la libertad de decirle a nadie más que tú misma, has tomado la decisión de abrazar tu dolor y no compartir tus lágrimas.

Tristemente me he dado cuenta de que la falta de perdón causa estragos en la vida de la persona que no puede soltar esa raíz de amargura. Causa estragos en los matrimonios, la Iglesia, el trabajo y donde quiera que te encuentres.

También he visto como destruye amistades de mucho tiempo.

Casi todos los problemas personales que llevan a las personas a buscar consejo pastoral tienen que ver de alguna manera con el perdón.

Cuídense unos a otros, para que ninguno de ustedes deje de recibir la gracia de Dios. Tengan cuidado de que no brote ninguna raíz venenosa de amargura, la cual los trastorne a ustedes y envenene a muchos. *Hebreos 12:15 (NTV)*

✦ **¡El Perdón es el milagro divino de la Gracia!**

Me he sentido motivada a escribir estas líneas, para que tú, mi querida amiga, puedas alcanzar la gracia de Dios. Quiero invitarte a dar pasos de fe, que te ayuden a lograr liberar cada rehén que tengas cautivo en la prisión de tu mente y emociones, y que al hacerlo encuentres tu propia libertad. Aprendamos a perdonar rápido, te hará vivir el cielo en la tierra.

Cualquiera que sea tu historia. Detrás de cada una de nosotras hay muchas líneas por escribir, situaciones por revelar. Pero estoy convencida que la falta de perdón, inclusive en el corazón de las mujeres que somos parte del pueblo de Dios, se ha convertido en la norma de vida de muchas de nosotras. Puede ser que hayas aprendido a vivir así; puede ser que sencillamente estés sobre llevando la situación: puede ser que seas de ese tipo de chicas que oculta su condición con risas o la entierres con múltiples ocupaciones. Pero cuando logras ser sincera contigo y principalmente con Dios, es entonces que te das cuenta de que en realidad no eres libre. Que te encuentras atrapada por las duras y frías cadenas del rencor y el remordimiento. Muchas veces sucede que vivimos nuestras vidas encadenadas, y ni siquiera sabemos que nosotras tenemos la llave.

✦ No podemos hablar del Perdón sin reconocer la realidad del dolor

Si nunca hubiéramos sido heridas, no tendríamos necesidad de perdonar. Somos una generación de personas heridas, y lo peor de esto es que las personas lastimadas tendemos a herir a otras. Solo detente un minuto y mira a tu alrededor, no únicamente en las calles; sino en las familias, llenas de violencia, de furia, dolor, es el resultado de una herida guardada y una amargura latente que se ha convertido en ira, odio, venganza y mucho dolor.

Vivimos una dura realidad, y es el hecho que todos seremos heridos en algún momento. No has sido la única que ha pasado o está pasando dolor y frustración. En este mundo caído el dolor es inevitable, sin duda alguna serás herida, agraviada y ofendida por otros, es algo inevitable.

Hace algunos días mi nieto mayor Christian Alejandro, apenas tiene siete años, está en primer grado y me preguntó ¿todos alguna vez en la vida nos van a hacer bullying? (acoso) a lo que le respondí que sí, que ninguno de nosotros estamos libres que se burlen de nosotros, nos moleste, nos critiquen o hablen mal de ti, todos estamos expuestos por muy bien que hagamos las cosas, pero lo más importante no es lo que la gente dice de nosotros o nos hagan sentir, lo importante es lo que nosotros creemos de nosotros y la capacidad que tenemos de cuidar nuestro corazón, claro su pregunta me llevo a indagar y preguntarle cómo se siente y sobre las situaciones que quizás a su corta edad ya pasa en la escuela, la necesidad de perdonar no tiene que ver con edad, lugar o cultura, tiene que ver cómo nos han enseñado a afrontar cada situación en nuestras vidas.

Les he dicho todo lo anterior para que en mí tengan paz. Aquí en el mundo tendrán muchas pruebas y tristezas; pero anímense, porque yo he vencido al mundo. *Juan 16:33 (NTV)*

La experiencia por la que cada una de nosotras ha pasado, podría diferir en la de otras en detalles y proporciones específicas. Algunas de nosotras, desgraciadamente experimentamos un dolor mayor comparado con otra persona. Sin embargo, la realidad de que todos sufriremos daño de alguna clase es común a toda la raza humana. Y lo más probable es que suceda con mucha frecuencia en tu vida. Todas sin falta alguna enfrentaremos situaciones que constituyen terreno fértil para que se arraigue y florezcan en nuestro corazón el resentimiento y la falta de perdón.

Solo quiero recordarte que el resultado de nuestra vida no depende de lo que nos pasa sino de cómo respondemos a lo que nos pasa.

Lo que tú y yo somos, cómo funcionamos, nuestro bienestar, nuestro futuro, nuestras relaciones, nuestra vida en sí, nada de eso está determinado en última instancia por aquellas cosas que nos hayan hecho o puedan hacer para herirnos.

Nuestra esperanza más grande consiste en darnos

cuenta de que podemos escoger cómo enfrentamos las circunstancias de la vida.

Mientras creamos que nuestra felicidad y bienestar depende de lo que nos pasa; siempre, absolutamente siempre, seremos las víctimas, porque la gran parte de lo que nos sucede no está en nuestro control, no podemos hacer nada con lo que pasa en nuestras vidas, únicamente en como reaccionamos a nuestros sucesos.

Jesús ganó en el desierto. Eva perdió en el paraíso. No es el lugar, son las decisiones.

Estoy decidida a estar alegre y ser feliz, en cualquier situación, porque también he aprendido por experiencia, que la mayor parte de nuestra felicidad o miseria depende de nuestra disposición y no de nuestras circunstancias. (Martha Washington)
Decide ser feliz.

Como hijas de Dios debemos tener una segura convicción; que su gracia es suficiente para cada situación. Que por el poder de su Espíritu Santo que mora en nosotras, es el que nos da la capacidad de responder con gracia y perdón a quienes han pecado en contra nuestra.

✦ Sí podemos ser libres, si elegimos serlo

Entiendo perfectamente que este viaje hacia el perdón requiere que profundicemos en áreas de nuestra vida que aún están sensibles y muy débiles para ser tocadas, sin embargo, también soy consciente que, si no las manejamos correctamente, esto solo nos mantendrá atrapadas, irritadas y con mucho dolor.

Quiero invitarte a que hagas una profunda oración a Dios, que puedas abrirle la puerta de tu Corazón y dejes que Él empiece a actuar en tu vida. Es la forma de actuar de Dios, y solo la suya, la que ofrece una vida de esperanza, de sanidad y libertad a los problemas inevitables de la vida que estamos obligadas a enfrentar.

Fue una gran promesa la que Jesús nos dio cuando dijo: *"Y conoceréis la verdad, y la verdad os hará libres. (Juan 8:32)*

Escoger el perdón y andar en su verdad es el camino que Dios nos ha dejado, para el viaje hacia la libertad, y únicamente aquellos que lo transitan, pueden descubrir esa libertad.

Di esta oración:
Buen Dios, sé que soy imperfecta y que estoy separada de ti. Te pido que perdones mis pecados y me adoptes como tu hija. Gracias por este regalo de la vida por medio del sacrificio de tu Hijo Jesucristo. Viviré mi vida para ti. Ayúdame a perdonar a los que me han ofendido, así como tú has perdonado cada uno de mis pecados.
Amén.

✦ FE EN ACCIÓN

El que perdona deja de ser víctima.

PASOS DE *P*ERDÓN

Fue por la fe que Jacob, cuando ya era anciano y estaba por morir,
bendijo a cada uno de los hijos de José y se inclinó para adorar,
apoyado en su vara.

Hebreos 11:21 (NTV)

---◆---

PASO #9
NUNCA OLVIDES TUS *S*UEÑOS

Hay historias en el mundo con tantas similitudes, días con tantos paralelismos, puedo afirmarte que no hay una sola persona que yo conozca que no tenga sueños, y de la misma forma creo no conocer a una persona que no necesite mantener una consulta constante en su corazón sobre heridas que otras personas le han causado y que necesita perdonar.

También muchas de estas personas no tienen la menor idea de cómo lograr sus sueños. Personas afortunadas alrededor del mundo, que Dios les ha dado sueños específicos y un don único. Poseedores de buenas ideas; con extrema creatividad, y más aún, todas aquellas personas, que, en momentos de revelación de parte de Dios, son movidos a hacer o dejar de hacer algo específico. Pero que muchas veces han perdido estos sueños o los han enterrado, debido al dolor, frustración o en la mayoría de los casos por heridas que otros les han hecho. Otro de los grandes motivos por lo cual perdemos o destruimos nuestros sueños, es el poco valor que tenemos de nosotras mismas. Quiero motivarte a nunca olvidar o desestimar tus sueños. *"Nada ayuda a sacar a alguien del fastidio como un sueño que valga la pena"*

Quiero introducirte a una historia bíblica, siempre que la leo, la escucho o es énfasis de un comunicador, me siento identificada. Tu vida podría tener puntos en común con la historia que voy a relatarte.

✦ Es un gran personaje, su nombre: José.

Una increíble y apasionante historia de sueños, temores, mentiras, intrigas, celos, envidias, falsas acusaciones y sobre todo un perdón sobrenatural; que Dios usó para salvar a todo un pueblo. Puedes leerla minuciosamente en el libro de Génesis capítulos 37 al 50.

En lo personal una de mis historias preferidas de la Biblia. Es una historia que apasiona mi corazón, por lo rica y profunda, seguramente quedó plasmada, para ayudarnos a superar conflictos de nuestra vida enmarcados por odio, venganza y rechazo familiar. A José se le describe como uno de los personajes de la Biblia que actuó bien a pesar de los conflictos en su vida.

La historia de José es atractiva porque se puede ver una vida llena de luchas y sufrimientos, a José no le fue fácil vivirla, pudo tomar la decisión de ser un joven amargado, herido y por consecuencia lastimar a las personas cerca de él. Y así echar a perder el plan y propósito que había detrás de esta gran aventura.

Él pudo tomar la decisión de la mediocridad, ya que esa

es una decisión personal, cada uno de nosotros elegimos lo que queremos o no ser. Solo una persona mediocre está siempre en su mejor momento.

Demos un vistazo por la vida de José y algunos aspectos importantes que lo caracterizan. Te invito a que juntas exploremos unos detalles de esta excitante historia, que seguramente tendrá muchas similitudes con tu vida. Te dejará principios importantes para ayudarte a sanar heridas en el alma, de personas que te han lastimado y mucho más si son parte de tu familia.

El pasaje Bíblico, en el capítulo 37 del libro de Génesis, nos relata como José a sus cortos diecisiete años, trabajaba ya para sus medio hermanos, los hijos de las esposas de su padre, Bilha y Zilpa.

José siendo el pequeño, andaba con sus hermanos mayores, al darse cuenta de su comportamiento, no perdía la oportunidad para contarle a su padre sobre las fechorías de ellos, y me imagino que Jacob, su padre, reprendía a sus hermanos mayores.

✦ El hijo preferido

Algo muy importante a resaltar es que Jacob amaba a José más que a sus otros hijos, primero lo tuvo en su vejez y luego era el hijo de Raquel, la mujer que Jacob amaba sobre sus otras esposas.

Hasta este punto la historia va tomando sentido y empezamos a darnos cuenta de errores que estaban pasando en esta familia, disfuncionalidades que saltan de entre líneas. Por el amor tan grande de Jacob hacia su hijo, le hizo un regalo muy especial que no dio a ningún otro hijo, una hermosa túnica, como la que usaban los príncipes de esa época. Esto provocó mucho celo y envidia en los hermanos de José, más de la que ya tenían, los hermanos lo odiaban, no lo trataban bien y nunca le dirigían una palabra amable, porque su padre lo amaba más que a ellos, era el hijo favorito de esta gran familia.

Necesitas en este momento hacer un análisis de tu propia vida y familia, identificarte si te sentiste el hijo preferido o, al contrario, hubo alguien en tu familia que robara el corazón de tus padres más que el tuyo, y esto quizá fue el problema de una vida llena de resentimiento y amargura, que Dios puede sanar si hoy encuentras y sacas a luz cada una de esas áreas.

✦ Los sueños de José

Hubo un acontecimiento que fue la gota que derramó el vaso de agua, los sueños de José, él soñaba que sus hermanos se inclinaban ante él, en una segunda ocasión, soñó que el sol, la luna y once estrellas se inclinaban ante él, esta vez no únicamente les contó el sueño a sus hermanos, sino a su padre que lo reprendió, pero mientras los hermanos tenían más celos de él, su padre estaba intrigado por el significado de los sueños.

Todos estos acontecimientos provocaron que José fuera aún más odiado, hicieron un plan para deshacerse de el. Fue vendido como esclavo a unos mercaderes madianitas que estos a su vez lo vendieron a Potifar, un oficial egipcio, capitán de la seguridad del palacio.

Te imaginas la vida de José, un pequeño Joven rodeado de sus hermanos mayores, llenos de odio y egoísmo hacia él, principalmente por ser el hijo preferido de su padre, fue tanto el celo, que quisieron hasta quitarle la vida, y luego decidieron únicamente venderlo, son situaciones casi inimaginables, dentro de una familia donde el padre amaba a Dios, y era el pueblo elegido por Dios.

✦ No existe la Familia Perfecta

Ninguna familia estamos exentos a estas situaciones, no puedo ni imaginar los pensamientos de José, ya en Egipto, mirando hacia atrás y pensando en su padre y hermanos, en sus sueños, el dolor y tristeza embargaban su corazón, pero más adelante la historia nos relata cómo Dios estaba siempre con José, él no se amargó ni empezó a lastimar a las personas, dentro de él, sabía que no estaba solo, que Dios estaba con él y que seguramente sin entenderlo, tenía la convicción de un plan específico para todo lo que estaba sufriendo. Él estaba seguro, tenía una convicción latente, cada día en medio del fracaso, el recordaba los sueños que Dios le dio. Se sentía seguro del sueño de Dios.

Puedes pensar en las cosas trágicas y difíciles de tu vida, quizá por celos y envidias de tus familiares, tus propios hermanos, o de amigos por causa de abrir tu corazón y contar sobre tus sueños, anhelos y desafíos, esto al igual que José solo te ha traído un camino cuesta arriba de dolor y sufrimiento. Aprovecho a decirte en este punto, que la gente más inteligente, no hace su vida pública, ni tampoco comenta sus sueños ni anhelos, las personas inteligentes saben mantener privados los sueños más grandes de su corazón.

Viaja y no le digas a nadie. Vive una verdadera historia de amor y no le digas a nadie. Vive feliz y no le digas a nadie. La gente arruina las cosas hermosas. (Bradley Cooper)

✦ Dios estaba con él

De todas las grandes cualidades de José, hay una que sobresalta, y esa cualidad es su fe. De hecho, Génesis nos dice en dos ocasiones: *"Definitivamente Jehová estaba con José" (Génesis 39:2)* y también en *(Génesis 39:21)*, *"Pero Jehová estaba con José"*. Una escritura más en el Nuevo Testamento nos menciona lo mismo. En *(Hechos 7:9)* *"Los patriarcas, movidos por envidia, vendieron a José para Egipto; pero Dios estaba con él"*.

Cuando mantenemos nuestra fe en Dios, cuando tenemos la convicción que, a pesar de lo difícil que puedas estar pasando en este momento, puedes mantener una mente y corazón sano, si crees, que, en medio de la desgracia más grande, no estás sola, allí esta Dios, para ayudarte, al reconocer que todo en nuestra vida tiene un sentido correcto de parte de Él, hasta la más grande desgracia. Es allí donde experimentamos a Dios en su plenitud. Todo lo que nos sucede es parte de su proceso para vivir en plenitud la vida que él tiene para nosotras.

José nos lo demuestra cuando por medio de su vida él tiene que aprender a perdonar. Él sabía que, al rehusarse a perdonar, él mismo interrumpiría su relación con el padre, porque, aunque en momentos de caos, en el fondo de un pozo seco, olvidado en la prisión de Egipto, él tenía una comunión con Dios que era la luz de esperanza para su vida. En su momento más oscuro fue donde encontró la luz de Dios. La noche es más oscura justo antes de amanecer.

Si en este momento te sientes más que identificada, pensando que las personas de las cuales has esperado amor y apoyo han sido las que más te han lastimado y traicionado, y que al igual que José, lo único que sientes con regularidad es que te encuentras en lo más profundo del pozo. Cualquiera que sea tu situación, Dios quiere ayudarte, Él quiere sanar tus heridas más profundas, si confías en Él y le pides que tu Fe, así como la de José, pueda crecer y sea la base de tu sanidad.

Esta historia nos enseña que perdonar es olvidar de cierta manera el pasado.

"Yo perdono, pero no olvido"
Es otra manera de decir: *"No perdonaré"*

Más bien, sean bondadosos y compasivos unos con otros, y perdónense mutuamente, así como Dios los perdonó a ustedes en Cristo.
(Efesios 4:32)

Otro de los momentos muy difíciles en la vida de José, un momento en el que el ya no era considerado como esclavo sino ya tenía un lugar en Egipto, al frente de la casa de Potifar, él era el dueño y señor, nada se le era prohibido más que la esposa de su amo, por su confianza en Dios y su integridad, el motivo por el que Dios lo tenía en ese lugar, lo salvó de pecar y le ayudó a sobre llevar las tentaciones y el poder decir *"no"* cuando la bella y malvada esposa de Potifar quería seducirlo. A pesar de esta prueba, José mostró integridad *(Gen. 39:7-12)*.

Por tal motivo se vio sometido a sobrellevar las falsas acusaciones y el ser echado en prisión por un crimen que no había cometido. No solo había sido vendido como esclavo, ahora era acusado de un crimen que no cometió.

Esta historia está llena de procesos, cada cosa en la vida de José como en la tuya y la mía, tiene propósito, pasa por algo específico.

Hemos estudiado en los capítulos anteriores, que todo lo que sucede en nuestra vida tiene propósito y sentido, todo está dentro del plan de Dios, solo que necesitamos descubrirlo, no amargarnos ni únicamente llorar nuestra desgracia. Necesitamos igual que José, depender de Dios. Confiar que Dios sabe lo que hace, aunque nosotras no lo entendamos.

Luego de un tiempo y lo más extraordinario de esta historia, para lo que Dios lo habría llevado y por lo que trabajó en José durante muchos años. Para hacerlo un hombre sabio y de inteligencia emocional, la gran oportunidad de interpretar los sueños del Faraón. El empezar a experimentar los resultados del arduo proceso en que Dios lo había llevado para llegar a ser para lo que fue creado.

Cuando José estaba interpretando los sueños del Faraón, José dijo: *"No está en mí; Dios será el que dé respuesta propicia a Faraón" (Gen. 41:16).* En cuatro ocasiones, José habla con el Faraón y todas esas pláticas, José le da el crédito y la gloria a Dios. Lo que agradó a Faraón, y puso a José en un grado muy grande de honor y valor. No había nadie más importante en Egipto que José, excepto Faraón. *(Gen.41:25,28,32).*

Lo hizo administrador de la tierra de Egipto *(Gen. 41:38).* A la joven edad de 30 años, se volvió el hombre más poderoso del mundo, con toda su prominencia, prestigio y privilegio. Y aun así, después de tenerlo todo, José siguió fiel y con una estrecha relación con Dios *(Gen. 41:50-52).*

Un corazón perdonador hará de ti, una persona íntegra, confiable, grande delante de Dios y los hombres.

Quiero cerrar esta historia que termina, no como una historia de cuento o ficción con un final feliz, sino una historia verdadera de luchas y dolor. Quizá no hubiera pasado nada de lo que era el plan original de Dios, si no hubiera sido odiado y vendido por sus hermanos, pero esto lo convirtió, en el libertador, el que tuvo el plan y la estrategia para que el pueblo de Israel no muriera en los años de sequía y hambre. Dios fue el que lo puso en ese lugar, una historia de procesos, cada etapa en la vida de José tuvo significado, como cada etapa y proceso en tu vida, tiene un significado real, lo más importante es cómo tú reaccionas a cada acontecimiento de tu vida por difícil que sea, y si tienes un corazón perdonador o eres de las que guardan cada herida y cada ofensa, en un baúl de los recuerdos. La pregunta más importante y confrontativa: ¿Cómo estás reaccionando ante el proceso de Dios para tu vida? Todas estamos en este momento enfrentando alguna situación, todas nos encontramos dentro de un plan, el proceso lo necesitamos todas, para que Dios pueda trabajar en nuestro carácter, en nuestra madurez. El proceso es el que nos hace crecer y ayuda a tener un corazón conforme al de Dios, lleno de amor y perdón. Lo más importante no es la situación, lo más importante es la reacción al proceso.

Fue ese sentido de libertad interna la que le permitió a José el perdonar a sus hermanos por el pecado que ellos le habían causado. José no los había visto por veintidós años, pero cuando ellos vienen de rodillas a pedir comida, José no los abandona. Se da cuenta que lo que ellos hicieron por maldad, Dios lo cambió para bendición (Gen. 45:8). A pesar de que José tuvo la oportunidad de vengarse de sus hermanos, no lo hizo.

"Perdonar es dar amor cuando no hay razón para hacerlo"

Llega un momento que la historia nos habla del lado humano y la vulnerabilidad de José. Nos dice, que cuando veía a sus hermanos se portaba indiferente y en ocasiones hasta duro con ellos, pero luego iba a su habitación a un lugar donde pudiera estar solo y llorar, con seguridad que en el corazón de José, había dolor, lo habían lastimado, seguro que cavilaba por su mente el deseo de vengarse, de hacerles pagar de alguna forma todo el daño que ellos le causaron por años, pero José, podía por su fe en Dios no ver, solo lo que estaba frente a él, él siempre pudo ver el panorama completo, cada paso, cada etapa de su vida tuvo un significado especial para ponerlo hasta donde se encontraba en ese momento, frente a sus hermanos con el poder de hacer con ellos lo que quisiera, pudo matarlos, pudo ponerlos en prisión o pudo tomar la decisión de regresarlos a su tierra sin comida, pero no, él sabía que todo era un sueño cumplido, que fue el motivo de su nacimiento y el por qué le pasaron cosas tan dolorosas, si él no hubiera estado en Egipto con la sabiduría y estrategia que Dios le dio, hubieran muerto, él, sus hermanos, su padre, y toda la familia de Israel.

✦ Una Fe absoluta

La clave del éxito de José, en cada situación y en cada

circunstancia, en adversidad y en prosperidad, en cárceles y en palacios, la clave era que confiaba en Dios, que no se sentía solo y que, dentro de él, sabía que cumpliría un sueño y un plan de Dios, la fe de José no era una fe débil que cambia. La fe de José era una fe absoluta en Dios. Su sinceridad, su lealtad y su confianza en el Dios Todo poderoso, se podía notar en toda su vida.

Nosotras junto a nuestro protagonista podemos perdonar, aprender de su ejemplo, El mismo Dios de Isaac, el mismo Dios de José, es tu Dios, Él puede darte la fuerza y el valor para perdonar cada una de esas personas que han dañado profundamente tu corazón, y quizás has cometido el error de contar abiertamente tus sueños y tus anhelos y esto solo ha traído un camino de sin sabores para ti.

Comprende que cada cosa mala tiene un plan un propósito, nosotros vemos únicamente lo que está delante de nosotros, pero Él no, Dios ve el cuadro completo. Algo que es quizá a mi punto de vista lo más importante de esta historia, es que José, con su obediencia y perdón, no únicamente salva de no morir de hambre a su familia, era el pueblo amado y elegido de Dios, el pueblo de Israel, que en aquel entonces fueron setenta las personas que entraron a gozar de la mejor tierra de Egipto, la tierra de Gossen, con el pasar de los años se convirtieron en una gran nación. El clímax de esta historia es que, de la descendencia del padre de José, de Jacob, nació Jesús el Mesías, El Salvador del mundo.

¿Por qué parte del proceso te encuentras tú?
Quiero invitarte a nunca dejar de soñar, a guardar tus sentimientos y emociones, ten mucho cuidado con quien los compartes. Recuerda que es mucho más fácil llorar con

los que lloran, que reír con los que ríen. Lamentablemente vivimos en un mundo de celo, de orgullo, de envidia, de rencor ... la lista no acabaría, pero nosotras como hijas de Dios, lavadas y perdonadas por su sangre, podemos marcar la diferencia, hacer de este mundo un mundo mejor. Una sola persona puede hacer el cambio. Que te parece si eres tú y soy yo. ¿Estás dispuesta? ¡Tú decides!

¡El Señor estaba con José, por eso tenía éxito en todo! Génesis 39:2

José amo a sus hermanos como si nunca lo hubiesen herido.

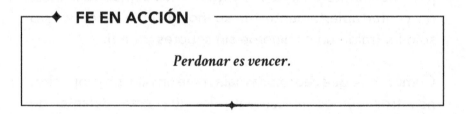

✦ FE EN ACCIÓN

Perdonar es vencer.

PASOS DE PERDÓN

Fue por la fe que el pueblo de Israel marchó alrededor de Jericó durante siete días, y las murallas se derrumbaron.

Hebreos 11:30

PASO #10
EL PERDÓN ES UN ARTE

El psicólogo Aarón Lazare escritor de *"Dale, pide perdón"*. Realizó un estudio sobre la vergüenza y humillación, la cual le duró ocho años.

Él dice *"me convertí en alguien muy interesado por el pedir perdón y la sanidad que trae"*. No hay paciente el cual no haya tenido rencores contra otra persona y eso ha traído destrucción de alguna u otra manera en sus vidas y la vida de su familia y amigos. En el estudio que realizó llegó a la conclusión que nadie tenía conocimiento sobre este tema. Únicamente el cristianismo y judaísmo. De allí logró sacar su estudio. *"Dios sabía que los humanos cometerían muchos errores y tendrían que pedir muchas disculpas en el camino."*

En este capítulo quiero brindarte consejos prácticos y que a mi punto de vista son reveladores, de lo que es el perdón, el dar y recibir, pero que muchas veces no sabemos la forma correcta de pedirlo o brindarlo.

Elaboré un estudio minucioso, haciendo un extracto de un libro con excelentes principios acerca del perdón, que te pido luego de leer este capítulo, puedas adquirirlo y estudiarlo.

El libro de Gary Chapman y Jennifer Thomas, *"Los cinco lenguajes de la Disculpa"*

Lleno de conceptos y principios claros que estoy segura serán de gran beneficio para tu vida, como lo están siendo para la mía. Siempre comparto que mi vida hubiera sido diferente si las cosas que he aprendido en estos últimos años, las hubiera sabido hace treinta años atrás; antes de casarme. Nuestra vida hubiera sido mucho más fácil, considero que me hubieran ayudado a ser una mejor esposa y por supuesto una mejor madre. Te motivo, si estás recién iniciando una relación, o tienes pocos años de casada o quizás gozas de la gran bendición de ser abuela. Por favor, date la oportunidad de seguir creciendo, de seguir aprendiendo, nunca es tarde para iniciar a dar pasos de fe.

Creemos que hay miles de personas que ofrecen disculpas sinceras, pero no son entendidas como sinceras, porque no usan el lenguaje principal del perdón de la otra persona.

✦ ¿Qué entendemos por perdón?

El perdón no es un sentimiento, sino un compromiso de aceptar a la persona a pesar de lo que ha hecho. Es una decisión de no exigir justicia sino de mostrar misericordia.

El Primer paso para abrazar el perdón es iniciar con nosotros mismos. ¿Qué significa perdonarse a uno mismo?

Perdonarse a uno mismo se parece mucho a perdonar a alguien que te ha ofendido. Perdonar a otra persona Significa que tú escoges no tener ninguna ofensa en su contra.

En su esencia, el auto perdón es una elección.

Ignorar el enojo con uno mismo no resuelve el problema: para tener éxito en cuanto a perdonarnos a nosotros mismos: Primero reconoce ante ti misma, que has fallado. Segundo, discúlpate ante las personas que has ofendido, esperando que ellas te perdonen y tercero: perdónate conscientemente ante ti y escoge perdonarte a ti misma.

El amar y el perdonar, son decisiones personales, no del corazón sino de la mente, uno decide amar o perdonar a la persona, no es si el corazón lo siente, es si la mente decide hacerlo.

Gozar de sanidad del alma, es estar en paz con Dios, contigo misma y con los demás.

✦ **El perdón es una elección:**

La gente no se disculpa porque siempre cree que la otra persona tiene la culpa. Porque cree que no vale la pena el esfuerzo. El hombre o la mujer que piensan que nunca hacen algo que requiera una disculpa están viviendo en un mundo irreal. La realidad es que todos nosotros decimos cosas duras, críticas y poco amables, en forma hiriente y destructora. La persona que se niega a reconocer la necesidad de una disculpa tendrá una vida llena de relaciones rotas.

◆ **El Arte del Perdón:**

La clave de las buenas relaciones es aprender el lenguaje del perdón y las disculpas de la otra persona y estar dispuesto a hablarlo. Cuando tú hablas el lenguaje principal del otro, le estás facilitando el camino para que lo perdones genuinamente. Cuando no logras hablar el lenguaje de la otra persona, le resulta más difícil perdonar, porque no está segura de que te estás disculpando genuinamente.

Con frecuencia, amar significa decir que lo sientes. El amor real incluye las disculpas de parte del ofensor y el perdón de parte del ofendido.

Veamos cinco diferentes lenguajes del perdón, esperando puedas identificarte de la forma en que tú pides perdón y la que desearías recibir una disculpa.

Lenguaje del Perdón #1
EXPRESAR ARREPENTIMIENTO
"LO SIENTO"

Cuando hayas herido a alguien, dile que lo sientes. Expresar arrepentimiento es fundamental para las buenas relaciones.

Un simple *"Lo siento"* puede ser un gran paso hacia la reconciliación, para algunos, la ausencia de la palabra *"Lo siento"* es como una llaga abierta. Para estas personas el corazón de una disculpa es una sincera expresión de arrepentimiento.

Siempre que a una disculpa le agregas una excusa, en ese momento la excusa anula la disculpa.

El arrepentimiento se enfoca en el comportamiento propio y también expresa empatía por el dolor que le causó a la otra persona. Cuando decimos "Lo siento" solo para lograr que la otra persona deje de confrontarnos, lo único que comunicamos es nuestra falta de sinceridad.

Lenguaje del Perdón #2
ACEPTAR LA RESPONSABILIDAD
"ME EQUIVOQUÉ"

¿Por qué a algunos nos resulta tan difícil decir: *"Me equivoqué"*?

Con frecuencia nuestra resistencia para admitir que hemos hecho algo incorrecto está ligada a nuestro sentido de autoestima. Admitir que estamos equivocados se considera un acto de debilidad.

La realidad es que todos somos pecadores. No existe adulto perfecto. Los adultos maduros aprenden como romper los patrones negativos de la niñez y aceptan la responsabilidad por sus propios fracasos. El adulto inmaduro siempre le está poniendo excusas a su mal comportamiento.

También es muy común culpar a otros por nuestro mal comportamiento: Es también una señal de inmadurez, tratamos de disculparnos, recordando a la otra persona, que ella inició o tiene la culpa, esto anula por completo cualquier sentido de disculpa.

"Uno de los factores del éxito es la disposición para admitir que uno está equivocado"

Uno de los problemas dentro de una pareja es que ninguno de los dos ha pensado que se ha equivocado. Los buenos matrimonios no dependen de la perfección; dependen de la disposición de reconocer sus errores y pedir perdón.

✦ **El poder del lenguaje de la disculpa:**

Para muchas personas, la parte importante de una disculpa es reconocer que el comportamiento de uno es incorrecto. Cuando un esposo dice: ella jamás admitirá que hace cosas incorrectas. Quisiera escucharla decir: *"Me equivoqué"* aunque fuera solo una vez.

"Todos nos equivocamos, pero el único error que te puede destruir es aquel que no estás dispuesto a admitir"

Lenguaje del Perdón #3
RESTITUIR
¿QUÉ PUEDO HACER PARA ARREGLARLO?

Debo hacer algo para reparar una falta; para estas personas *"la disposición de hacer algo para compensar el dolor que le he causado es evidencia de una verdadera disculpa"*.

La palabra *"Lo Lamento, me equivoqué"* quizá no sean suficientes. Estas personas necesitan saber qué harás para remediar la falta.

Para las personas que su lenguaje principal del perdón es la restitución, debes saber en forma clara que este es su lenguaje de amor, será la única forma de conseguir el perdón de esta persona.

Lenguaje del Perdón #4
ARREPENTIRSE GENUINAMENTE
"INTENTARÉ NO VOLVER A HACERLO"

Estas personas no quieren disculpas, restitución ni responsabilidad, ellas lo único que desean es que no hagan las cosas que les molestan ¡nunca!

La palabra arrepentimiento significa dar un giro de ciento ochenta grados, significa dar la vuelta o cambiar de opinión.

Arrepentimiento, es decir: *"Intentaré no volver a hacerlo"*

Estas personas sin duda alguna necesitarán hacer un plan para desarrollar el cambio en su comportamiento, es la única forma que el agredido decidirá otorgarte el perdón.

Estos cambios pueden ser enormes o pequeños; puede involucrar asuntos muy grandes o detalles menores. Puede pedirle al lado ofendido que le de ideas o un plan de cambio quizás sea la mejor forma de mostrar arrepentimiento genuino.

Lenguaje del Perdón #5
PEDIR PERDÓN
¿ME PERDONAS, POR FAVOR?

Lo que una persona considera una disculpa no es lo que otra persona considera como tal. Una de cada cinco personas, esperan que luego de ser ofendidos les pidan perdón, para estas personas son las palabras mágicas que representan sinceridad.

Si usted descubre que el lenguaje principal de la disculpa de su cónyuge es pedir perdón, entonces esta es la manera más segura de quitar la barrera y obtener el perdón.

Una razón muy importante de pedir perdón es que demuestra que te das cuenta de que has hecho algo malo. Pedir perdón es un reconocimiento de culpa. Demuestra que sabes que mereces una condena o un castigo.

✦ ¿Por qué es tan difícil pedir perdón?

Pedir perdón es especialmente difícil para las personas que tienen personalidades dominantes y fuertes. Estas personas se sienten muy incómodas cuando no están al control de la situación.

Otra razón por la que cuesta pedir perdón es por miedo al rechazo. Porque no nos gusta admitir que nos hemos equivocado, eso nos hace vulnerables. Otro temor es el miedo al fracaso: Para estas personas, reconocer el error equivale a reconocer que *"Soy un fracasado"*.

Me encontraba con un matrimonio en consejería, llegando casi al punto de la separación, porque él nunca le había dicho a su esposa, un *"Me perdonas"*. Ella le reclama diciendo: Las faltas no han sido tan graves, pero ya no soporto esta situación, nunca en los años de matrimonio, te he escuchado decir un *"perdóname por favor"* de haberlo hecho, no nos encontraríamos en esta lamentable situación, siento que hasta he dejado de amarte. El hombre con lágrimas en los ojos dijo -no sé cómo hacerlo- mi padre me enseñó que pedir perdón es muestra de debilidad, de fracaso, de admitir que eres un error. El pedir perdón es para las mujeres – luego hizo una pausa y continuó -

demuestra debilidad, solo un hombre afeminado pide perdón.

✦ ¿Me perdonas, Por favor?

Es el ingrediente que convencerá que eres sincera en una disculpa. Sin el pedido de perdón, declaraciones tales como: *"Lo siento"*, *"Me equivoqué"*, *"Te compensaré"*, *No lo volveré a hacer"*, pueden sonar como palabras que tienen la intención de sacarse de encima el asunto sin enfrentarlo realmente.

Te gané, porque perdiste el poder de hacerme daño, Te perdoné.

Consejo Importante:
Nunca amenaces a tu cónyuge con dejarlo o abandonarlo, nada produce más inestabilidad que eso.

✦ FE EN ACCIÓN

El perdón no cambia el pasado, pero amplía el futuro.

PASOS DE PERDÓN

Sin embargo, buscaban un lugar mejor, una patria celestial. Por eso, Dios no se avergüenza de ser llamado el Dios de ellos, pues les ha preparado una ciudad.

Hebreos 11:16

PASO #11
¿CUÁNTO CONOCES A DIOS?

Si viviéramos en un mundo perfecto, perdonar no sería necesario, pero en vista que nuestro mundo es imperfecto, no podríamos sobrevivir, sin el sentimiento sincero en nuestro corazón para perdonar.

Pero encontrar un espacio real y verdadero en nuestro corazón, únicamente es por medio de una relación íntima con El Espíritu Santo, es la única forma que considero podemos sobre llevar esos sentimientos que nos atrapan y nos hacen ser prisioneras, en ocasiones se vuelve más fuerte que nosotras mismas.

Lo interesante y que nos cuesta comprender es cómo hacemos para que esa fuerza interior que viene únicamente de conocer el verdadero amor y perdón de Dios nos ayude a sobre ponernos a cualquier situación en nuestras vidas por difícil que sea. Vuelvo y repito, viene únicamente de tener una relación estrecha con nuestro creador, Él que nos formó, Él que nos conoce profunda y delicadamente,

Él que sabe que nuestra vida tiene propósito y sentido, Él que nos conoce tan íntimamente, que sabe cómo pensamos, qué haremos y cómo nos comportamos y reaccionamos ante las circunstancias. El problema con el que nos enfrentamos es cómo hacemos para conocerlo nosotras a Él, de esa forma íntima.

Muchas veces nos conformamos con tener un concepto ligero y alejado de Dios, pensamos acerca de Él, lo que la gente dice o en un mejor caso lo que escuchamos que el pastor en sus sermones predica el domingo acerca de Dios, su poder, su amor y su perdón. No pasamos de tener conocimiento, pero no un rhema o revelación y vivencia en nuestra propia vida de lo que es Dios y por esa razón no podemos adoptar ese amor extremo que nos ayudaría a superar hasta la herida en el alma más profunda que pudieran ocasionarnos.

Esto me hace recordar que cuando venimos a vivir a La Florida, con regularidad viajábamos a Tampa Fl, visitábamos una familia amiga guatemalteca. Recuerdo que siempre pensé que Tampa, era un lugar triste, deshabitado y quizá el último lugar que me gustaría vivir dentro de Estados Unidos, luego que nos vinimos a vivir a Texas, por lo menos fuimos unas tres o cuatro veces más, y mi pensamiento era, no puedo creer que esta gente viva a una hora de Orlando Fl, y no se mude. Para mí era solo salir de Tampa para cualquier lugar todo sería mejor. Porque siempre transitábamos las mismas calles, los mismos lugares, seguramente entrábamos y salíamos por el mismo lugar. (esto en mi ignorancia). Este fue mi pensamiento durante muchos años. Todo cambió, cuando hace algún tiempo fuimos nuevamente a Tampa. Fuimos al congreso *Spark (Exponental Conference)* Encendiendo una cultura de multiplicación. Visitaríamos la iglesia; *Idlewild Baptist*, uno de los seminarios que más nos gusta, porque mantiene encendida la llama en nuestros corazones, de amar a la gente y sus necesidades, hombres y mujeres alrededor del mundo plantando iglesias, dejando su vida de lujo o comodidad para amar lo que Dios ama, de esto te contaré durante la semana de Pasión, cada año que fuimos a Exponential, era en Orlando Fl. Esta vez fue en Tampa.

Quiero contarte que esta vez pareciera que fuimos a otro lugar. Un lugar hermoso, lleno de flores, de fuentes y de un cuidado casi podría decirte que exagerado. Para empezar, el área donde se encuentran las instalaciones de la iglesia es precioso, casi el cielo, una iglesia muy grande, lujosa, a su alrededor un campo de golf, rodeado de casas hermosas. Los hoteles de lo más finos. Lugares para comer, de aquellos que únicamente se encuentra en las grandes ciudades.

Como podrás imaginar mi cara de asombro y confusión, por más de quince años Tampa era el lugar que no podría estar en lista para vivir; creía era un lugar seco, árido y sin brillo. Cualquier ciudad de estados unidos es hermosa, tiene absolutamente todas las necesidades más que básicas para vivir, como cualquier lugar del mundo tiene cosas bellas y tiene sus barrios no tan apropiados, más depende de cuanto tu puedas conocer.

✦ ¿Qué conoces de Dios?

Simplemente no habíamos explorado, porque conocíamos únicamente un camino, y sus alrededores, que nos llevaban a la casa de nuestros amigos. Es irónico, pero es exactamente lo que nos pasa con Dios, creemos que lo conocemos, tenemos toda una vida de hacer las mismas cosas, nuestras mismas oraciones, los mismos sermones, pero no hemos profundizado en experimentarlo, en conocerlo y encontrar todos esos lugares maravillosos, lugares llenos de color, de brillo y de vida que Él tiene para nosotros.

Muchas veces nuestra imagen de Dios es la imagen de otra persona sobre Dios, lo que nos cuentan acerca de Él, pero raras veces investigamos y profundizamos en un nuevo lugar para explorar y encontrar cosas nuevas, bellas y diferentes. Cada uno de nosotros tiene una imagen en su mente y por qué no decir en el corazón, de lo que es Dios, su Hijo Jesús y El Espíritu Santo.

✦ Como Padre

Personas que lo ven como Padre, lamentablemente para que te sientas identificada y protegida por Dios como Padre, tuviste que haber tenido un buen padre, amoroso, protector, proveedor que te haga sentir la princesa de papá. Pero la mayoría de las mujeres con las que tengo el privilegio de tratar, no se sienten identificadas, no se les hace fácil pensar en el amor de Dios como el amor del Padre, porque no tuvieron el padre que llenara las expectativas de vida, que en algunos casos fueron abandonadas, rechazadas, y hasta golpeadas por ellos.

✦ Como Amigo

Cuando charlamos con las chicas, trato de decirles, muy bien, qué tal si pensamos en Dios como un amigo. Como tu mejor amigo, y la figura de amigo, en nuestra generación es muy distorsionada, muchas mujeres me han dicho, que no creen en la amistad, que todas las personas les han fallado y que, en realidad, ver a Dios como un amigo es algo muy débil, que es demasiada fragilidad para ser una relación estrecha que te haga salir del hoyo más profundo.

Lo que quiero puntualizar, mi querida amiga, es que debes descubrir, indagar y conocer nuevos territorios, no quedarte únicamente con la imagen que tienes de tu Creador, tu Padre, quien te formó y que te conoce íntimamente. Debes aprender a encontrar amor y refugio en Él. Como lo quieras encontrar o la figura que quieras darle, debes encontrar en Él a tu Amigo, tu Padre, tu guardador, tu diseñador, tu libertador, el que trae esperanza a tu vida, el que cambia tu nombre y circunstancia por mejores. No importa el calificativo que más te identifique para saber que Dios te ama, que puedes confiar en Él, que desea ayudarte, y quiere darte esa fuerza sobrenatural que tú necesitas para perdonar legítimamente a la persona que te ha dañado.

✦ Como Pastor

En lo personal veo a Dios, como mi gran Pastor, el que cuida de mí, el que me defiende del mal, tengo una convicción profunda incrustada en mi corazón; que, si lo tengo a Él, no me hace falta nada.

Yo soy el buen pastor. El buen pastor su vida da en sacrificio por las ovejas. (Juan 10:11)

Tengo un alto concepto de la Amistad, y no hay nada que me ilusione tanto como sentir que Dios, con su gran poder, con su gran Gloria, con su majestad, me dé el privilegio de ser su amiga. En mi vida no hay nada que pueda imaginar más grande que ese privilegio. También tengo un alto concepto de la paternidad, y es muy gratificante para mi corazón, sentir a Dios como mi Padre, por la figura de padre amoroso, protector y proveedor que tengo.

✦ La infidelidad tocó a mi puerta

Hay un sin número de heridas o daños profundos que las personas pueden hacerte, como el rechazo, ser maltratada por tus padres, la fuerte herida de un abuso físico o verbal. Situaciones que necesitan pasar por un proceso de mucho tiempo, en ocasiones de años, para salir adelante, superarlo y saber que tienen un propósito.

Considero que una de las heridas más profundas y que nos cuesta bastante perdonar, es la infidelidad, que nosotras las mujeres casadas, recibimos de nuestro esposo. La persona que más amamos, la persona en la que hasta hace algún tiempo más confiábamos y que creíamos que estaba allí para protegernos, cuidarnos y sobre todo para velar que nadie nos hiciera daño.

Nos encontramos en el lugar que nunca quisimos estar, donde podría pasarle a todas menos a ti, y de un momento a otro pareciera que la vida nos juega una muy mala pasada, y aquella persona se nos cae del lugar más alto y lo peor, cae precisamente sobre nosotras; perdonar la infidelidad de nuestro cónyuge es como una cuesta arriba, a la que nunca vamos a llegar, te lastima, te mata y te hace sentir la basura más grande sobre la tierra, porque el hombre que te juró amor eterno en un altar, ha tirado toda tu ilusión, todo tu amor y te ha hecho sentir la persona más desgraciada sobre el planeta. Ese es el sentimiento que abraza a una mujer que ha sido engañada por su esposo;

sientes que todas pueden ser más lindas, más inteligentes que tú. Las preguntas insistentes en tu mente... ¿El por qué? ¿El cómo? ¿El cuándo pasó esto? ¿En qué fallé? ¿Por qué se fijó en otra persona estando yo? ¿Por qué le dice o ha hecho cosas que nunca realizó contigo? Pueden venir todos esos pensamientos de angustia y dolor sobre ti, volviéndote una persona dura, fría, amargada, que arremetes contra todo el mundo, contra las personas que más amas, que se encuentran cerca de ti, tus hijos, familiares y peor aún, contra ti misma.

Mujeres de todas edades diciendo: creo que esto no lo podré superar, es más fuerte que yo, no creo aguantar, me expresan como en su juventud o niñez, pasaron por difíciles situaciones, pero que con fuerte trabajo, con un largo proceso, pero sobre todo con la ayuda de Dios han podido superarla, pero que la infidelidad conyugal, es algo que creen no podrán superar, algunas de ellas afirman estar en el hogar y aguantar muchas situaciones únicamente por los hijos, otras por la solvencia económica y algunas pocas por sus privilegios en la Iglesia.

Esta mañana, recibí un correo electrónico, de una chica que me escribe de Guatemala, y sus palabras literalmente fueron estas: Pastora tengo un problema muy grande, no puedo sola, estoy muerta en vida, mi mundo se acaba cada momento, mi esposo tiene una amante, ya no aguanto más, estoy desesperada, pastora ore por mí.

El dolor y la desesperación de esta joven saltan de sobre sus pocas líneas, su ejemplo complementa muy bien lo que te mencioné al inicio, considero, que la infidelidad conyugal, es una de las heridas en el alma, más profunda y es muy complicada de sanar y perdonar legítimamente.

Pero que sí es posible, que sí podemos hacerlo, con el poder y la ayuda sobrenatural, de Dios que está allí en el momento más difícil, para darte esperanza y un mundo mejor.

✦ En la cornisa

En realidad, no sé de cual lado de la calle tú te encuentras en este momento, si mis líneas anteriores han traído recuerdos devastadores a tu mente, o simplemente, lees afirmando, sí pobres las mujeres a las que les ha tocado la desdicha de vivir el engaño y desamor. Pero si te sientes afectada, porque pasaste por esta dura experiencia, si la has superado y te encuentras sana interiormente, me alegro muchísimo por ti, por otro lado, si te encuentras en la cornisa a punto de caerte, quiero decirte que hay una mano sobrenatural, un Dios vivo y verdadero, que puede rescatarte hoy mismo de ese lugar de pesadilla y dolor. Búscalo íntimamente, descubre sus lugares escondidos, encuentra un refugio seguro en Él, estoy segura de que podrás encontrar alivio y sanidad para cada una de esas heridas tan fuertes que has recibido por la persona más importante de tu vida.

Una de las misiones más importantes de Jesús consistió en restaurar tu corazón, que es la parte central de tu vida. De nuestro corazón se genera una vida hermosa o una vida llena de sufrimiento y pobreza. La misión de Jesús fue: El Espíritu del Señor está sobre mí, por cuanto me ha ungido para dar buenas nuevas a los pobres; me ha enviado a sanar a los quebrantados de corazón; a pregonar libertad a los cautivos, y vista a los ciegos; a poner en libertad a los oprimidos. *(Lucas 4:18)*

En Dios todo es posible, Él puede levantarte del polvo, Él puede darte vida, Él puede pedirte que salgas del sepulcro; si te conectas a la fuente de vida eterna, que es Él.

Puedes buscarlo y encontrarlo, puedes darte la dicha de intimar con Él, de llevarle a Él todas tus cargas, puedes encontrarlo por medio de la oración. La oración diaria disminuirá tus preocupaciones, el hablar constantemente con Él, en forma genuina y espontánea, traerá paz y descanso. Estar en paz contigo misma es el resultado directo de haber hallado la paz con Dios.

Puedes encontrarlo legítimamente por medio de leer su palabra, la Biblia, si todos los días dispones un tiempo específico para conocerlo más, estoy segura de que cada párrafo, que cada verso, podrán traer vida abundante, una vida real de libertad y perdón, en momentos del caos y desesperación.

✦ **No vivas en el ayer.**

Sabes, el mundo es como un espejo, si tu sonríes, también te sonríe, si das amor, recibes amor. Toda persona que espera recibir perdón está obligada a dar perdón.

Cuando estás deprimida, podrás darte cuenta de que es porque sigues viviendo en el pasado, cuando vives en el pasado dejas de crecer y comienzas a morir.

Nunca digas: ¿Cuál es la causa de que los tiempos pasados fueron mejores que estos? Porque nunca preguntarás con sabiduría sobre esto. *Eclesiastés 7:10*

Seguro que eres consciente que tu pasado no puede ser cambiado, pero tú puedes cambiar tu mañana por las acciones de hoy. Nunca dejes que el ayer use demasiado de hoy, si miras demasiado hacia atrás seguro te alcanzará.

No puedes decir que has perdonado, si en tu mente y corazón llevas un registro de lo que te han hecho, esto te impedirá disfrutar de la vida, será llevar el peso del pasado a tu presente.

Laura Palmer dijo: no malgaste hoy, lamentándose por ayer, en lugar de estar haciendo recuerdos para mañana.

Vivir el pasado es un asunto aburrido y solitario. La primera regla para la felicidad es evitar pensar demasiado en el pasado, nada está más lejos que lo que ocurrió ayer.

Me encantan las palabras del apóstol Pablo:
Olvidando ciertamente lo que queda atrás, y extendiéndome a lo que está adelante, prosigo a la meta, al premio del supremo llamamiento de Dios en Cristo Jesús. (Filipenses 3:13-14)

Piensa que puedes tener un mañana mejor, tu pasado no se iguala a tu futuro, si lo pones en las manos de Dios, y crees que Él tiene el poder para darte la fuerza, la entereza, de perdonar legítimamente, aquella herida tan fuerte y profunda, que pensaste nunca perdonarías.

Así que, ¡cuídense!

Si una creyente peca, repréndelo; luego, si hay arrepentimiento, perdónalo. Aun si la persona te agravia siete veces al día y cada vez regresa y te pide perdón, debes perdonarla». (Lucas 17:3-4)

✦ Reconoce que estás herida

Para cerrar quiero pedirte que reconozcas abiertamente tus sentimientos, es uno de los primeros pasos en el proceso del perdón, reconocer que estás herida, que te han lastimado y reconocer tus sentimientos.

Nos encontramos en la era que se nos enseña a no mostrar nuestros sentimientos, pero cuando entiendes que es la única forma de liberarte de la amargura y logras reconocerlos y confesarlos delante de Dios, cuando haces eso te das cuenta de que tú misma necesitas ser perdonada por Dios. Dios puede sanar tu corazón destrozado, pero necesita que le traigas todos los pedazos.

Recuerda que la Biblia nos enseña que no hay un solo justo, ni siquiera uno, no hay nadie que entienda, nadie que busque a Dios. Todos se han descarriado, a una se han corrompido no hay nadie que haga lo bueno; ¡No hay uno solo! *(Romanos 3:10-12)*

Pero también sabes que recibimos el regalo más grande de parte de Dios, al creer con nuestro corazón y declararlo con nuestra boca: *"Que, si confesares con tu boca que Jesús es el Señor, y creyeres en tu corazón que Dios le levantó de los muertos, serás salvo. Porque con el corazón se cree para justicia, pero con la boca se confiesa para salvación" (Romanos 10:9-10)*

Ora pidiendo a Dios, la fortaleza, para perdonar a cada persona que te ha lastimado y causado dolor, de la misma forma que Él ha perdonado cada ofensa que tú has hecho en contra de otras personas, por medio de su Hijo Jesús. Amén.

◆ FE EN ACCIÓN

Perdonar es el valor de los valientes.

PASOS DE *P*ERDÓN

Fue por la fe que Abraham ofreció a Isaac en sacrificio cuando Dios lo puso a prueba. Abraham, quien había recibido las promesas de Dios, estuvo dispuesto a sacrificar a su único hijo, Isaac.

Hebreos 11:17

❖

PASO #12
UN CORAZÓN *S*ANO

En mi desarrollo como pastora, trato de entender todos los aspectos o lados del corazón, cada día me convenzo más que nuestro corazón es tan complejo, pero a la vez es el centro de nuestra vida, y el lugar menos explorado por nosotras mismas, el plan original de Dios consistió en hacernos conforme a su imagen. *(Génesis 1:26)* Dios diseñó a cada una de nosotras para que reflejáramos su gloria y su imagen, para que tuviéramos poder sobre la creación.

Dios nos creó para que tuviéramos un corazón sano, ese fue su plan; un corazón que siempre confié en Él, un corazón que, a pesar de las circunstancias adversas, ha aprendido a descansar y confiar plenamente en Él. Un corazón sano que sabe que los planes de Dios son perfectos y mejor que los nuestros, sobre todo que nuestro futuro tiene paz, provisión, protección, ese fue el plan de Dios para tu vida.

La Biblia nos pide en forma enfática: *"Con toda diligencia guarda tu corazón, porque de él brotan los manantiales de vida".*

(Prov. 4:23 BLA) ¿Te das cuenta de lo que dice el pasaje? ¡Que de nuestro corazón brotan los manantiales de la vida! Esto es grandioso, nuestro corazón tiene un gran poder sobre nuestra vida, pero somos advertidos a cuidarlo diligentemente.

✦ Como mi madre solo hay una

Quiero compartir contigo y que juntas descubramos lados escondidos en tu corazón. He observado un sin número de ocasiones, el dolor profundo de las madres, las abuela e inclusive las bisabuelas, que en determinado momento de su vida, luego que lo han dado todo, que entregaron una vida entera a los hijos, la familia, los trabajos domésticos, las noches sin dormir por una alta fiebre de un pequeño, las cientos de mañanas que sonó el despertador porque hay que preparar a los hijos para la escuela, la preparación de alimentos cotidianos, y de repente como un abrir y cerrar de ojos, los hijos crecen y en algunos casos todos esos esfuerzos y dedicación son olvidados. Con hijos que viven inclusive en diferente país a sus padres, como lo es mi caso.

✦ Creo que no les importo

Hace poco platiqué con una mujer, muy querida para mí, ella me dice: Pastora Claudia, en verdad me siento muy desilusionada y herida por mis hijos, sabe que conmigo en ocasiones son cariñosos, pero no llegan a mi casa con regularidad, cuando me visitan están un rato y aparentemente todo muy bien, pero nunca van y me preguntan cómo me siento, si tengo alguna necesidad, si tengo lo suficiente para comer, cuando me enfermo, la verdad son tan indiferentes, pareciera que no les importo, en realidad, esto daña mucho mi corazón. En sus propias palabras me dijo; siento mi corazón tan herido que lo siento frío.

Cuando tengo la oportunidad de tocar el tema con alguna mujer, su primera reacción es; no sé dónde fallé, no recuerdo haber sido tan mala madre, yo di todo por mis hijos, mis desvelos, mis cuidados, dejé de comer por darles a ellos, y el enemigo empieza a mandarnos a nuestra mente mentiras como verdades, que nos lastiman y nos hacen un daño profundo.

El porvenir de un hijo es siempre obra de su madre. (Napoleón)

✦ Protectora de mi corazón

Sinceramente te lo confieso, no me siento una experta en este tema, no siento seguridad para tratarlo, porque mis hijas apenas están volando fuera del hogar y hasta este día he recibido amor, respeto, cuidado y aprobación de parte de ellas. Sin embargo, sí me considero una protectora de mi propio corazón, no hago absolutamente nada que lo ponga en peligro, he aprendido a alejarme de los lugares en donde creo puede ser dañado, y trato hasta donde puedo mantener un corazón limpio de rencor, remordimiento y sentimientos negativos.

Debemos aprender a poner límites, con nuestra familia, a nuestros hijos y con las demás personas. Define el espacio donde terminas tú y comienza la otra persona.

Si tú estás bien, todo lo demás estará bien porque tú tienes el derecho de tener una vida llena de armonía. (Heidi Seidl)

Sin embargo, desde hace unos cinco años, luego de observar detenidamente a mi alrededor, tengo un pensamiento claro y fuerte y se los digo con regularidad a mis tres hijas, quiero liberarlas de la pena de estar al pendiente de mí, quiero que vivan y disfruten su vida y que cada vez que me necesiten, ellas sabe que yo estaré ahí para ellas, pero no tienen que hacer nada, porque deban hacerlo, como llamadas o escribirme, entiendo perfectamente que están en el correr de la vida, saben que yo estoy siempre, pero sin ataduras ni obligaciones, sé que tiene sus responsabilidades y desafíos, sus propias familias y que al igual que yo, pareciera que veinticuatro horas del día no son suficientes, pero lo hago porque yo misma, quiero preparar mi mente y corazón y sobre todo mantenerlo sano.

No puedes levantarte una mañana y darte cuenta de que no llegaste al lugar donde quisiste estar. Debes estar consiente que: *"El futuro se prepara"*. Cada decisión que hagas hoy es fundamental para lo que será tu mañana.

✦ Días diferentes

Hace algunos años para el día de la madre, de esas cosas del destino, no tuve cerca a ninguna de mis tres hijas, pero cuando te digo que no las tuve cerca es porque así fue. Las tenia a miles de millas de distancia de donde yo me encontraba. Mi esposo Hassen y yo vivíamos en esa época en Houston, TX, mi hija mayor Ale, junto a su esposo Christian vivían en Australia, mi hija menor Mishelle estaba con ellos de visita, la de en medio que es Claudia en esa época estaba estudiando en Barcelona, España. Como comprenderás fue un día de la madre que pude haberme sentido sola, sin la compañía de mis hijas, que a propósito era la primera vez en mis veinticinco años de ser mamá, que no pasaría con ninguna de ellas, inmediatamente las liberé, yo misma me libere, ni siquiera les di la presión de llamarme ese día, ya que Ale y Mishelle se encontraban a quince horas más adelante que nosotros, así que cuando para mí inició el día de la madre, ellas casi lo estaban terminando, y Claudia estaba a ocho horas de diferencia, cuando yo voy a dormirme ella se levanta. Trabajé por varios días con mi mente sincronizada a mi corazón, por momento pensé, el día de la madre es simplemente para pasar con tu mamá o si eres madre con tus hijas y yo ni con una ni con otra, ya que mi amada madre también vive lejos de mí, en la ciudad de Guatemala, y tampoco tuve la oportunidad de estar con ella. Pero quiero contarte que pasé un día muy feliz, con mi corazón estable y sano, reconociendo cada una de las cosas que Dios me ha permitido vivir y disfrutar, estaba Hassen a mi lado. También tenía muchas personas cerca de mí que me aman y que yo amo, por supuesto que las extrañé, pero cuando sé que ellas están bien y felices, podemos tener nuestros corazones conectado y sentirnos felice, tranquilas y gozamos de una gran victoria. En el momento que estoy escribiendo; recién celebramos el día de la madre, este año 2,024 tampoco estuve cerca de mi madre, no está mi hija Claudia, tampoco estuvo Hassen, pasé el día de la madre junto a dos de mis hijas, Ale y Mishelle y tres de mis nietos. Lo que sí puedo decirte con toda franqueza es que me senti agradecida, feliz, comiendo rico y disfrutando del momento sin importar donde me encuentre.

✦ Tengo una vida propia

No quiero que mi vida gire alrededor de ellas, la realidad yo tengo mi propia vida, tengo metas, tengo sueños, tengo desafíos, tengo un esposo que atender, amar y cuidar, tengo una iglesia que me necesita, y que yo necesito. Así, estoy segura cada una de nosotras tenemos cosas muy importantes que son parte de nuestra vida y que es nuestra única responsabilidad, que no gira alrededor de la validación de las personas que tanto amamos y que quisiéramos hasta cierto punto siempre tener cerca a nosotras, que, por supuesto no es malo, es un sentimiento correcto de amor y aceptación puesto por Dios, para tener satisfacción y gozo en nuestra vida. Pero que debemos saber cómo manejarlo, tener un balance en nuestros sentimientos y emociones. Llegar a comprender esto, es de suma importancia, de madurez y te podría ahorrar muchas lágrimas.

Cuando estamos en estas situaciones tenemos dos caminos, nos frustramos, amargamos y decidimos sufrir o tomamos la decisión de valentía de encontrar nuestra valía y amor en Dios.

Quiero motivarte a que hoy, sin importar las circunstancias, si estás pasando por un buen tiempo familiar o no, si estás recibiendo de parte de tus hijos el valor que tú crees deberías tener, o si en este momento no te sientes satisfecha ni conforme con el trabajo que has hecho, cumpliendo tu papel y asignación de madre, te invito a que lo pongas en las manos de Dios, y encuentres amor, valor y aceptación por medio de Cristo. Él es el único que debería ser y puede ser el que le da identidad y significado correcto a tu vida. Los hijos son una mayordomía temporal, son de Dios no nos pertenecen.

Preocúpate por quién tiene el primer lugar de tu vida

Tus hijos, nietos y demás familia, son un gran regalo que Dios te ha dado, debes cuidarlos, amarlos y valorarlos, en el lugar correcto que deben estar. Muchas veces por nuestro amor de madre, le quitamos el primer lugar en nuestra vida a Jesús, y se lo damos a nuestros hijos, y ahí radican los mayores problemas para nuestro corazón. Si aun no has llegado a esta época, si tus hijos son pequeños, puedes iniciar ahora a preparar tu mente, por supuesto, no para esperar amor y afirmación de parte de ellos, que excelente si lo recibes, pero a prepararte y estar segura, que es Dios el único capaz de llenar completamente cualquier espacio dentro de ti. Quizá algún día las personas que más amas te fallarán, así como tú más de una vez, le has de haber fallado a tus padres, no correspondiendo el regalo de la vida y el cuidado que te dieron en tu niñez, juventud y a lo largo de tu vida.

Quiero llamar tu atención, confrontando tu corazón, nosotros los padres; somos los responsables de enseñarles a nuestros hijos, amor, respeto, generosidad hacia sus abuelos. Si en tu familia, sucede alguna de estas situaciones, creo que has cometido algún error, en la crianza de tus hijos, pero como estás viva, aun tienes la oportunidad de remediar el error, de corregir a tus hijos, aunque sean adultos y enseñarles, que nada es más importante que amar y honrar a sus abuelos, como parte de una enseñanza bíblica, verdadera que traerá su recompensa.

Los adultos en realidad, con el pasar de los años, terminan siendo nuevamente como niños.

Son heridas tan difíciles y profundas, como las otras que hemos tratado, esto no es un abuso verbal, ni un abuso físico, es simplemente que la vida pasa, las exigencias son mayores, los hijos crecen y superan en muchas ocasiones a los padres. Vidas llenas de compromisos, responsabilidades, trabajo, que las personas más importantes y que más amamos pasan en algunos casos a ser un segundo o tercer plano. No debería ser así, estoy en contra de esto, pero estoy, mi amiga, a favor de tu corazón y quisiera ayudarte a que lo cuides, a que construyas tu propia vida, que la disfrutes, que vivas feliz, con tus pocas o muchas limitaciones, si estás sana o enferma, cualquiera que sea, puedes encontrar algo, un significado real y poderoso para salir adelante. En esta asignación temporal que es la vida.

Debes aprender a tener control sobre tu mente, la que debería gobernar sobre tu corazón, esto es cosa de la mente no del corazón. Como piensas dentro de ti, así es.

✦ ¿Por qué no tengo una mejor mamá?

Hace unos días leí una noticia un poco fuera de lo común. En mi país Guatemala, una mujer de treinta y un años, intentó quitarse la vida, dejándose caer del puente del incienso, es un puente muy conocido, donde se quitan la vida aproximadamente de diez a doce personas por año. Llegaron los bomberos, pudieron evitar el incidente y luego que la atendieron, le preguntaron ¿Qué estaba pasando, cual fue el motivo de querer morir y quitarse la vida? a lo que respondió: es por mi hijo, tiene siete años, pero me trata muy mal, me dice palabras groseras y todo el día me dice que soy una mala mamá, que ¿por qué él no puede tener una mejor mamá que yo?

¿Puedes darle lugar a esto en tu mente? La verdad a mí me cuesta, un niño de siete años, hiriendo, maltratando y quitándole todo el valor a una mujer al punto de querer quitarse la vida.

El comentario de mi esposo fue; ¡Yo empezaría por corregirlo!

Lo devastador del caso es que esta madre tiene su confianza y amor puesta en su hijo. En un niño de siete años pende el hilo de su vida.

Mi muy querida amiga, madre, hija, abuela, quiero pedirte que pongas tu confianza, tu validación, tu amor propio en el mejor y único lugar que puedes hacerlo, en Dios.

Oro porque El Espíritu Santo trabaje en este día en tu vida, si te has sentido sola, desanimada, enferma y sientes que las personas que tú necesitas no están allí cerca de ti, para devolverte un poquito de todo lo que tú hiciste cuando fueron niños. Quiero pedirte que cambies de lugar tu mirada, y la pongas en la cruz de Jesús, Él llevó todo ese dolor y frustración en la cruz del Calvario, y Él puede darte alegría, amor y validación, aunque creas que ya no tienes nada para dar, si estás respirando, si ves la luz de cada día, hay esperanza, tu vida cuenta, tu vida tiene propósito, pero tú eres la única responsable de encontrarla.

Una vez fui joven, ahora soy anciano, sin embargo, nunca he visto abandonado al justo ni a sus hijos mendigando pan. (Salmo 37:25)

✦ Plenamente Viva

Vive eternamente enamorada de Dios, descubre una vida en plenitud que únicamente Él y solo Él puede brindarte, haz de cada mañana un nuevo y hermoso amanecer, sé intencional cada momento, cocina, disfruta de las flores, lee, ten pensamientos de paz, haz algo que te apasione, enfócate en los demás, no mires únicamente tu situación.

Puedes llevar alivio y consuelo a alguien que te necesite, quizá en una sala de hospital, en un orfanato, no se trata de dinero, se trata de ti, de tu tiempo y tus capacidades, sal a la puerta de tu casa y mira si alguien en algún momento te necesita.

Seca esas lágrimas, ponte de pie, con tus dolores y limitaciones, pero si te encuentras viva, Dios te tiene en esta tierra para que hagas algo, para que el oxígeno que respiras tenga valor y dejes huellas en el camino que alguien quiera transitar.

✦ Vive al máximo

Tengo un lema, bueno; la realidad tengo varios, pero uno de ellos es "vive al máximo" disfruta tu vida a plenitud, aquí y ahora, sin remordimientos, sin miedos, sin importar tu alrededor, quizá estás en una sala de hospital, ten por seguro que tu vida puede transformar la vida de alguien, habla de Cristo, grita, pregona que hay una vida eterna para todos, por medio de Jesús y gánate un diamante en tu corona allá en el cielo. Siempre hay algo por hacer, alguien te necesita, descubre, explora, saborea tu vida.

Siempre es bueno recordar que esta tierra no es el infierno y tampoco es el cielo.

Hay un mañana mejor para ti, si pones tu confianza en el hacedor de la vida, te invito a que hagas una oración, que puedas por el poder del Espíritu Santo, perdonar, a las personas que tanto amas, que su indiferencia y falta de atención hacia ti, han matado la ilusión, inclusive de querer vivir, ponlos en las manos de Dios, pídele a Él, que se les revele al corazón y que ellos puedan dar un cambio y remediar las cosas que a tu parecer no han estado bien en los últimos años.

Créeme, ¡Él sí puede traer alivio, consuelo, esperanza y un gran amor sobre tu vida y corazón!

¡Haz un alto, un hasta aquí, un ya basta!

Si tu papel, en este momento es el de la hija con falta de amor y aprobación a tu madre o en todo caso a tus padres. Quiero pedirte que por favor te detengas, e inicies un cambio radical de comportamiento hacia las personas que más deberías amar y cuidar, tus padres. Te motivo a que les dediques tiempo de calidad, si vives en la misma ciudad, visítalos al menos una vez por semana, ponlo en tu agenda como una importante cita de negocios, dales regalos, cómprales sus postres preferidos, si vives a la distancia, está al pendiente de ellos, dispón una parte importante de tus ingresos para ayudarles económicamente, no importa que estén inclusive mejor que tú en esta área, es un motivo de honra y bendición futura para ti y tus generaciones. Recuerda que todo lo que se siembra se cosecha.

Considero que luego de dar a Dios; nuestra siembra más fructífera es cuando damos a nuestros padres, te insto a que tengas una cuota fija que puedas darles mensualmente, que sea claro de acuerdo con tus posibilidades, pero da con esfuerzo, enseña a tus hijos amor, respeto y aprobación hacia tus padres, nada en la vida tendrá más recompensa que esa.

> ◆ **FE EN ACCIÓN**
>
> *La humildad acepta el perdón sin cuestionar.*

PASOS DE *P*ERDÓN

Asegúrense de que su fe sea solamente en Dios, y no duden, porque una persona que duda tiene la lealtad dividida y es tan inestable como una ola del mar que el viento arrastra y empuja de un lado a otro.

Santiago 1:6 (NTV)

PASO #13
UN VERDADERO *A*MIGO

Esta mañana tuve la alegría, de compartir con un grupo de mujeres jóvenes, cuando hablo de jóvenes me refiero a chicas entre los veinte y treinta años, éramos aproximadamente diez personas, y con seguridad puedo decir que siete de ellas, están pasando momentos muy difíciles, con problemas familiares y situaciones dolorosas. En general el grupo reía, hacíamos bromas entre todas, pasamos un buen momento, pero dentro de mí dije, cada una de ellas con una sonrisa y dando lo mejor de sí, pero sintiéndose tristes, desesperadas y sobre todo solas. No puedo ni contar la cantidad de veces que he estado frente a una chica, rara vez viéndome a los ojos, sino al contrario, viendo hacia abajo, confesando sentirse sola, triste y sin una amiga.

Tenemos tantas personas conocidas, pero rara vez tenemos una verdadera amiga con quien hablar, con quien llorar y que pueda sentir con amor y ternura lo que nosotros necesitamos contar. Una de ellas me dijo en una cita que tuvimos recientemente, que gozaba del amor de su madre y sus hermanas, pero que a ellas no les podía contar las cosas difíciles por las que estaba pasando, porque se ponían tristes y con enojo e ira, contra la persona con la que estaba teniendo los conflictos, y que por esa razón se sentía muy sola, porque se dio cuenta que no tenía una amiga sincera con quien poder hablar. Como es muy difícil encontrar estas amistades, decidimos callar, enseñar lo mejor de nosotras, hacer nuestro mejor esfuerzo de felicidad, aunque por dentro el corazón esté a punto de partirse en pedazos.

Debo de confesar, que, aunque tengo muchas personas que amo, y están al pendiente de mí, también en ocasiones, siento cansancio y soledad. Es en ese momento que necesito buscar íntimamente a Dios y separarme por un tiempo del ruido, la rutina, para buscar íntimamente a Dios y entregarle cada área de mi vida, inclusive mis momentos de soledad en medio de la multitud.

Este sentimiento de soledad y tristeza interior, lo sentí hace poco cuando me encontraba en Dallas, recibiendo un congreso del programa en español *"Ya Basta"* en el instituto *"Christ For The Nations"*, que impactó mi vida y corazón.

Cuando la iglesia se calla la voz del infierno se levanta.

Esta nota puse en una de mis plataformas sociales:

◆ **Un día Intenso**

Considero que, desde hace un año y medio, Dios inició a preparar mi corazón para asimilar correctamente este día.

Fue como encontrarme en el cuadrilátero de boxeo, donde eres noqueada y luego te paras para seguir peleando, pero nuevamente tu contrincante es más fuerte que tú y vuelve a caerte y debes pararte nuevamente, caí al piso seis o siete veces y nuevamente me encuentro de pie, aprendí sobre temas tan importantes y relevantes, pero poco tratados en la Iglesia. Aborto: tres millones de abortos por año en Texas, donde la tasa más alta es dentro del área hispana. Pornografía: Es una adicción, y la única forma de ayudar es introducirse a la vida de un adicto. Tráfico humano. Homosexualidad: Necesitamos usar la palabra de Dios como códigos de referencia. Abuso sexual: uno de cada cuatro niños es abusado, el sesenta por ciento por un conocido, el veinte por ciento un familiar, el once por ciento por un desconocido. La Iglesia, cada individuo, podemos levantarnos y hacer la diferencia. No vamos a cambiar Texas, pero sí podemos influenciar en nuestra comunidad y hacer un cambio radical.

Puedo decirte que salí de este evento sintiéndome sola, seca y que había tanto por hacer, sentí un cansancio físico y espiritual muy grande, de ver la seriedad de este programa; sabía que probablemente no iba a cambiar el mundo, pero estoy consciente que una persona, puede hacer mucho y yo estuve dispuesta a arriesgarme y ser parte de esta problemática y poder ayudar en la poca o en la mucha influencia que pueda tener.

Ninguna mujer es lo suficientemente rica como para comprar su pasado.

Deja de mirar hacia dónde has estado y comienza a mirar hacia donde puedes estar.

✦ Enfrentando el dolor

*Por qué ha perseguido el enemigo mi alma; ha postrado en tierra
mi vida; me ha hecho habitar en tinieblas como los ya muertos. Y mi
espíritu se angustió dentro de mí; está desolado mi corazón" (Salmos
143:3-4)*

Las palabras del salmo que acabas de leer describen
exactamente la confusión interna de quien ha sufrido
algún tipo de abuso.

Cuando decides ser honesto con Dios y contigo mismo,
pueden venir sentimientos tales como: me siento
traicionado por otros, he perdido la capacidad de confiar,
me siento abandonada, sufro tormentos por un dolor
presente, no hay verdades eternas en que descansar.

A raíz de la herida a la que fuiste sometida, y que debes
enfrentar, para que Dios pueda darle sanidad a tu corazón
podría identificarte alguna de estas:

Me siento indefensa, desamparada y con temor.

Debes saber clasificar cada una de tus heridas, no para
recordarlas y que te causen dolor y frustración, sino para
que de una forma sincera puedas traerlas delante de Dios,
Él puede ayudarte a encontrar la libertad que tú estás
anhelando tener.

Jesús sufrió más de lo que tú y yo podríamos sufrir.

No estamos capacitados para poder perdonar a los demás
hasta que recibimos y entendemos que Dios nos perdona,
sin ponernos ninguna condición. Por lo que Jesús sufrió

emocionalmente en su humanidad, puedes estar seguro de que Dios sabe, le importa y entiende completamente tus sentimientos heridos.

Jesucristo experimentó muchos sentimientos dolorosos mientras vivió entre nosotros. Por esta razón siempre es sensible y comprensivo con los que experimentamos el dolor del rechazo, pérdida, depresión, soledad, temor y muchos otros sentimientos. Saber esto sobre la vida de Jesús debería hacer una diferencia en tu vida.

El enemigo ha usado tres armas en tu contra: el temor, la ira y la culpabilidad. Debes saber identificarlas y superarlas, han estado destinadas para destruirte.

Si confesamos nuestros pecados, Él es fiel y justo para perdonar nuestros pecados y limpiarnos de toda maldad. 1 Juan 1:9

Una fuente de temor para muchos es la inseguridad de lo desconocido, lo que puede pasar mañana, otros temen el abandono, otros el rechazo. Muchas personas sienten un temor muy grande frente al enojo de otros, y para la mayoría de los seres humanos, el temor arraigado está basado en la posibilidad de no poder satisfacer nuestras necesidades cotidianas y afectivas.

A las mujeres nos da temor mostrar todo lo que somos, porque no somos perfectas, y nos avergüenza que vean lo que realmente somos. Es la lucha constante de la perfección, que es inalcanzable, no hay uno solo justo (perfecto) sobre la tierra.

...No temas, ni te desanimes; porque yo, tu Señor y Dios, estaré contigo donde quiera que vayas" Josué 1:9

Quiero cerrar pidiéndote que puedas hacer una oración, donde le entregues cada área de tu vida a Dios, si te sientes sola, si hay temor en ti, si la ira se apodera de ti cuando no sabes salir de un conflicto, pídele al Señor te llene de su gracia, de su Espíritu Santo para salir victoriosa, para gozar libertad interior, para no sentir rechazo, culpabilidad ni temor al fututo. Estoy segura de que si puedes hacer una pequeña pausa, ser completamente sincera con Dios, llegar a Jesús como un verdadero amigo, Gozaras de una libertad integral. En este momento solo te encuentras tu y El, te pide que guardes silencio y puedas escuchar su dulce susurro hablándote al corazón, que descubras cuanto te ama y que te amará siempre; sin importar tu pasado, y las veces que te hayas equivocado, El está aquí, para entender tu dolor y para sanar cada una de tus heridas.

Los sentimientos de culpa tienen que ver con el pasado.
La preocupación tiene que ver con el futuro.
El contentamiento disfruta el presente.

✦ FE EN ACCIÓN

Sin perdón somos salvajes.

PASOS DE PERDÓN

Sobre todo, tomad el escudo de la fe, con que podáis apagar los dardos del fuego del maligno.

Efesios 6:16

PASO #14
PERDÓN EXTREMO

Mi querida amiga, nos encontramos en el último día de la semana la cual le hemos dedicado al perdón, el perdonar es tan importante como el aire que respiramos, todos los días necesitamos que alguien nos perdone y necesitamos perdonar a alguien, es parte de nuestra vida.

Mi deseo es que puedas liberarte de las heridas más profundas que pueden destrozar tu vida. El tema del perdón es sumamente complejo, pero las verdades bíblicas nos traen luz y claridad para darnos esperanza, para superar tus problemas sin importar de que índole sean.

Vivimos en un mundo de gran extremismo, podemos volver y ver a nuestro alrededor y nos damos cuenta de que estamos en la generación de lo extremo, los musulmanes, son extremistas en lo que creen, la secta Isis es sumamente extremista en defender sus creencias, cada religión o filosofa plantada en el mundo por los hombres es extremista. Lamentablemente pareciera que los únicos que no practicamos el extremismo, somos nosotros los cristianos, no somos extremistas para compartir el mensaje de Cristo, no somos extremistas para erradicar el pecado de nuestra vida, tampoco somos extremistas para practicar el perdón en nuestro corazón.

Tuve la oportunidad de conocer al pastor Ajai Lall, uno de los primeros pastores de la india, en su conferencia nos contaba cómo él es la tercera generación de cristianos en la India, y que el cristianismo es menos del dos por ciento de la población.

Nos decía cómo en la India se necesita ser cristiano extremista o no logran ser cristianos, El Señor nos enseña a amar y a perdonar de forma extrema; afirmaba él. En la india no puedes ser un cristiano si no eres extremista, porque necesitas poseer una forma sobrenatural para practicar el verdadero perdón, para poder sobrevivir con tu fe, para amar a tus enemigos y para perdonar a los que te persiguen.

Si perdonas a los que pecan contra ti, tu padre celestial te perdonará a ti; pero si te niegas a perdonar a los demás, tu padre no perdonará tus pecados. Mateo 6:14-15

Como cristianos solo estamos acostumbrados a estar preocupados o afanados, en nuestros pequeños problemas o pequeñas heridas. (dijo él) aquí en América, veo que la gente se ofende porque no la saludan, se ofende porque son tratados mal en un trabajo, las mujeres se ofenden porque son abusadas, los hijos se ofenden porque los padres no les dan todo lo que piden, todas a nuestro parecer son ofensas grandes, pero en otros países y me refiero principalmente en India, estamos acostumbrados a vivir de acuerdo con un perdón extremo.

Que nos permite amar y tener preocupación por el perdido, por el que nunca ha escuchado el nombre de Jesús, por lo menos existen dos billones de personas que nunca han escuchado el nombre de Jesús, conocen el nombre de Coca-Cola, conocen el nombre de Michael Jackson, conocen el nombre de Barack Obama, pero nunca han escuchado el nombre de Jesucristo.

Esto sucede en el mundo porque no nos hemos vuelto unos extremistas de Jesús, sino únicamente de nuestras conveniencias y comodidades.

En el tema del perdón, vivimos tiempos que únicamente un poder de Dios sobrenatural puede hacer que las personas sigan viviendo y respirando sin que el dolor, el odio y la amargura nos maten segundo a segundo.

✦ Una cristiana en la India

Lallya es la historia de una mujer cristiana, que vive en la India, con una pequeña iglesia de apenas diez personas, llegaron hombres armados a su hogar, obligando a su esposo a negar el nombre de Jesús, como él se resisto, lo partieron en pedazos delante de ella, luego le dijeron a Lallya que negara su fe en Jesús, y al ella no negarlo, tomaron de los brazos a su pequeña hija de dos años, tirándola varias veces hacia la pared, hasta que la mataron y destrozaron a golpes y todo esto frente a sus ojos, luego treinta hombres abusaron de ella, durante todo el día, dejándola por muerta.

El día de hoy ella vive en la misma ciudad, confiesa haber tenido un perdón extremo y sigue predicando el evangelio de Jesucristo, para que las personas puedan conocerlo a Él, perdone sus pecados y les ayude a vivir vidas de amor y perdón, dentro de un mundo de mucha calamidad, dolor y pobreza. Mujeres como ella ven el mundo con el amor que Dios le tiene.

El Pastor Ajai, afirma que la oración que debemos hacer al Señor, no se trata de pedirle a Dios todo lo que yo quiero, sino de invitar a Dios que Él haga lo que es correcto.

Hay muchísimas historias, similares a esta, que cuando las escuchas, empiezas a decir, en realidad mi ofensa no es tan grande.

> *El que perdona la ofensa cultiva el amor; el que insiste en la ofensa divide a los amigos. Proverbios 17:9*

Mi deseo es motivarte a que podamos tener no únicamente un amor extremo por Jesús y por lo que Él ama, la gente y sus necesidades; sino que podamos tener un perdón extremo. Dejemos de quejarnos por cada falta que nos hacen; en la mayoría de casos para nosotros son muy grandes e injustas, creemos que no nos la merecemos, pero cuando podemos observar gente alrededor del mundo que están perdiendo sus vidas, siendo quemados y torturados por no negar a Jesús, y que a pesar de eso siguen adelante en su fe, devolviendo bien por mal, perdonando a sus transgresores de una forma extrema, nos ayuda a poner nuestros pies sobre la tierra, y pedirle a Dios nos ayude a ser menos egoístas, a pensar menos en nosotros y nuestros derechos y a pensar en Él y hacer el trabajo que se nos fue encomendado, la gran comisión, predicar y evangelizar, en lugar de llevar un conteo ordenado y sistemático de cada falta que nos han cometido.

Cada vez que nos sentimos enfermos o débiles de nuestro cuerpo, acudimos a un médico especialista que pueda ayudarnos con nuestro problema físico, lo mismo sucede cuando nos encontramos enfermas de nuestra alma.

Frente a ti, aquí, El médico divino de nuestra vida (alma, cuerpo y espíritu) Aquel que dio su vida para que tú pudieras obtener sanidad a través de su sangre.

Porque de tal manera amó Dios al mundo que dio a su único hijo, para que todo aquel que en Él crea no se pierda, sino que tenga vida eterna. Juan 3:16

Como lo tratamos en estos días, el primer gran paso es reconocer que somos pecadoras. *(1 Juan 1:8)* Si decimos que no tenemos pecado, nos engañamos a nosotros mismos y la verdad no está en nosotros.

Luego el segundo paso y no de menor importancia es que Dios quiere liberarte de la culpa. Ese sentimiento de haber fallado, el cual nos acusa del mal, condenándonos por nuestras acciones. El Señor no solo perdona nuestros pecados, sino que nos libera de la culpa de haberlos cometido. La buena noticia es que la Biblia nos enseña que Jesús vino a salvar al mundo, Él no vino a condenarnos.

Dios no envío a su Hijo al mundo para condenar al mundo, sino para salvarlo por medio de Él. (Juan 3:17)

La mujer adúltera *(Juan 8:1-11)*

Si le pones atención a esta historia, podríamos aprender sobre el mensaje de perdón que Jesús nos enseñó; es una de las muchas historias de amor y perdón que la Biblia nos muestra.

Jesús se encontraba en medio de la multitud, enseñando. En ese momento los fariseos y los maestros de la ley religiosa, para tentarlo le llevaron una mujer que fue encontrada en el acto mismo del adulterio, ellos le recordaban que, en la ley de Moisés, el castigo para ella era apedrearla, y luego muy sutilmente le dicen, ¿Tú qué opinas? Esto fue para probarlo, puedo imaginarme, todos los hombres con piedras en sus manos dispuestos luego que Jesús citara la ley apedrear a la mujer pecadora, casi puedo ver la escena; como Jesús vio a esta mujer con ojos de amor y de misericordia y sobre todo quería darle una lección a los fariseos y religiosos, se inclinó e inició a escribir en el suelo, luego se incorporó y les dijo, que dieran inició a ejecutar la ley de Moisés, pero únicamente el que estuviera libre de pecado fuera el que lanzara la primera piedra. Luego siguió escribiendo en el polvo, cuando volvió a incorporarse se dio cuenta que nadie de los acusadores quedaba, empezaron a retirarse desde el más viejo hasta los jóvenes, y Jesús tiernamente le pregunta ¿Dónde están los que te acusan? ¿Ninguno de ellos te condenó? Ninguno – dijo ella – yo tampoco, vete y no peques más.

Esas fueron las palabras liberadoras que Jesús pudo emitir sobre esta mujer, en cuestión de minutos, luego de estar en la desgracia y triste situación de perder la vida, de un momento a otro, el maestro, se inclina y quizá Él podría haber escrito los pecados de los presentes; uno por uno, los más ocultos, los más obscuros y los más vergonzosos, todos sintiéndose aludidos, que Jesús podría acusar a los principales de la ley de sus propios pecados delante de la multitud, así que tomaron una magnífica decisión; decidieron dar un paso atrás y dejar a la mujer frente a Jesús, que en realidad era el único que podía acusarla o perdonarla. Luego de esta escena, Jesús frente a la mujer adúltera, pasa lo inaudito, el milagro, lo sobrenatural, lo que nadie más puede hacer; El Señor perdona todos sus pecados, pero le da una connotación más. Le dijo, te perdono, pero por favor, no peques más.

Eso es lo que hace Jesús cuando aceptamos su perdón, nos libera de la amargura que causa el sentimiento de culpa, pero junto con el perdón, Él nos pide algo muy importante: *"Ya no peques más"*

Él quiere liberarnos, Él no desea únicamente un remordimiento sino un arrepentimiento genuino, que dejes que Él pueda hoy sanar cada una de esas heridas que las personas, el mundo, el pasado, han dejado marcadas sobre tu corazón y puedas confiar plenamente en Él.

Qué tal si hablamos específicamente de ti; ¿Cuál es tu pecado? ¿En dónde están los que te acusan? Quiero decirte que nuestro principal acusador es el diablo, el enemigo de nuestra vida.

Si tú ya le has pedido perdón a Dios, Él ya te perdonó, pero muchas veces no aceptamos su perdón, porque nuestro enemigo está presente en cada momento para recordarnos nuestro pasado, nuestras debilidades y cada falta cometida, debido a que no hemos sido sanas y siguen latentes cada una de las profundas heridas de nuestra alma.

Cuando una persona está herida el diablo procura que no capte la ternura, el amor y el cuidado paternal de Dios. Lo importante es que Dios está dispuesto, Él quiere sanar cada una de tus heridas, debes empezar con la auto aceptación, es decir el gozo y contentamiento de ser lo que eres y como eres.

Pero ¿Cómo ser sanas? ¿Cómo obtenemos sanidad en nuestra alma?

Y el mismo Dios de paz os santifiqué por completo; y todo vuestro ser, espíritu y cuerpo, sea guardado irreprensible para la venida de nuestro Señor Jesucristo. 1ª. Tesalonicenses 5:23

La condición del ser humano sin Dios es la de un espíritu muerto, un cuerpo enfermo y un alma herida. En contraste la condición del hombre con Dios es la de un espíritu resucitado, un cuerpo sano y libre de esclavitudes y un alma sana de cualquier herida.

Jesús mismo declaró que su Padre lo envío a sanar a los quebrantados de corazón. Lucas 4:18

Quiero ser insistente y repetitiva, la voluntad de Dios es que tengas un alma sana. Tengo un versículo, que podría afirmarte, es uno de mis preferidos, habla específicamente del alma, y confirma lo que acabas de leer:

Amada, yo deseo que seas prosperada en todas las cosas, y que tengas salud, así como prospera tu alma. 3ª. Juan 2

La medida Bíblica para cualquier otra clase de prosperidad es la prosperidad del alma. Así que es tu responsabilidad, mantener un examen regular y hasta diario, para poner tus pensamientos y sentimientos alineados a lo que la Biblia nos pide, mantener un alma sana, es el termómetro para medir la prosperidad, felicidad y sanidad no únicamente interna, sino física y de cada área de nuestra vida.

Pídele al Señor te dé un amor extremo por él y que puedas recibir el perdón extremo que Jesús está ofreciéndote.

◆ **FE EN ACCIÓN**

El perdón es una cirugía para tu corazón que salva tu vida.

PASOS DE PASIÓN

———◆———

PASOS DE *P*ASIÓN

Le pido a Dios, fuente de esperanza, que los llene completamente
de alegría y paz, porque confían en El. Entonces rebosarán de una
esperanza segura mediante el poder del Espíritu Santo.

Romanos 15:13

———————◆———————

PASO #15
VIVE AL *M*ÁXIMO

Quiero en forma práctica; ayudarte en este camino llamado vida, a que puedas disfrutar no únicamente de tu singularidad, de tu vulnerabilidad, de vivir en paz contigo y con los demás, sino también a vivir de tal forma, que cada mañana anheles con el momento de despertar y poner tus pies sobre la tierra.

Deseo puedas vivir no únicamente a lo largo, sino también a lo ancho. Sacarle el jugo a cada momento de tu existencia, que puedas descubrir específicamente cuál es tu propósito de vida.

Quiero invitarte a vivir de forma apasionada, a que cada tarea que emprendas sea sencillo, cotidiano o momentos cruciales que necesiten de todo tu enfoque y energía, sin importar la magnitud de tus circunstancias, sean simples o complejas, vívelas con pasión.

Pasión, es uno de los ingredientes indispensables para

nuestra vida. La pasión es la gasolina que mueve el vehículo de la fe. Todas las personas respiramos, pero no todas vivimos vidas apasionadas, que nos quiten el aliento y nos hagan sentir plenas.

La vida no se mide por el número de veces que respiramos, sino por los momentos que nos quitan el aliento. (anónimo)

La Pasión es esa gasolina que nos hace transitar a máxima velocidad en la mayoría de las circunstancias. La pasión por la vida es la que te hace tener en medio de un mundo hostil y disfuncional, una vida llena de oxígeno, que te hace sentir viva, plena y disfrutar cada momento.

✦ Nuestro tiempo es limitado

No sé si alguna vez has tenido la oportunidad de estar cerca de alguien que se encuentre en su lecho de muerte, a unos cuantos días o a pocas horas de morir, pero las personas que saben que su vida está a punto de llegar a su fin, sienten una necesidad desesperada por cambiar, o por hacer todas aquellas cosas que dejaron de hacer a lo largo de su camino. Cuando cada ser humano entra en una convicción completa de que nuestro tiempo es limitado, es ahí que iniciamos a darle cambios radicales a nuestra vida.

En el momento de la muerte, cuando estamos a un paso de entrar a la otra vida, la que es eterna, y por la que hemos trabajado en nuestro paso por la tierra, es en ese momento, que nuestras prioridades y sentido de vida, cambian radicalmente, y que lo importante y por lo que vivimos, es lo que toma un valor incalculable.

Estarás de acuerdo conmigo, si has podido acompañar a alguna persona sus últimos momentos de vida, piden, hablar con sus hijos, con su cónyuge, con las personas que aman, piden hablar con alguna persona con la que tienen cuentas pendientes, pedir perdón o perdonar, tratar que lo que es significativo en ese último momento cobre valor.

La mayoría piden hablar con su líder espiritual, para poder entregar su vida, estando en paz con Dios y con los hombres.

✦ Todas tenemos un tiempo de vida

Si estuviéramos conscientes de cuánto tiempo vamos a vivir… todos sabemos la fecha de nuestro nacimiento, pero ninguno, ni uno solo, sabemos nuestra fecha de morir. Si supiéramos que únicamente nos quedan unos cuantos días, meses o años de vida, la mayoría de nosotras viviríamos de forma diferente. Seríamos auténticas, más felices, más conscientes de la forma de invertir correctamente nuestro tiempo. No sé si para nuestro favor o no, no sabemos la hora de nuestra muerte, la pregunta que deberíamos de subrayar es: ¿Qué es lo que nos impide que vivamos de esta manera, como si en realidad supiéramos cuánto tiempo nos queda de vida, y hagamos las cosas con la prioridad que deberían tener, si únicamente nos quedaran pocos días de vida?

Las personas que saben que les queda un determinado tiempo de vida, se toman la libertad de decir lo que piensan y de hacer lo que desean hacer, sin reservas ni remordimientos. Piden perdón y perdonan a los otros, dejan de pensar en sí mismos y empiezan a pensar en los demás, se acercan a las personas importantes y les hacen saber cuánto los aman. Emplean las horas del día de forma diferente, tratan de tener vidas únicas que dejen un legado para la posteridad.

Enséñanos de tal modo a contar nuestros días que traigamos al corazón sabiduría. (Salmo 90:12)

La realidad de este paso por la tierra es que deberíamos vivir cada día, como si fuera nuestro último suspiro, y hacer de cada pequeño detalle, algo importante y significativo, sobre todo deberíamos ocupar nuestro tiempo de una forma que importe, dejar un camino donde otros quieran pasar, dejar marcadas huellas que otros quieran pisar, dejar un legado que trascienda para la eternidad, esa debería de ser nuestra meta y estilo de vida.

No hay nada que pueda llevar a una persona a definir mejor sus prioridades vitales que saber que está a punto de morir. Dios nos ha puesto a todos, a cada una de nosotras para esta hora, este es nuestro momento y deberíamos vivirlo de forma extraordinaria, descubrir que tu vida tiene sentido, alegría y sobre todo pasión. Ese debería ser tu estilo de vida.

La muerte es más universal que la vida; todo el mundo muere, pero no todos viven. (Alan Sachs)

✦ **Arriesga tu Corazón**

La naturaleza pasajera de nuestra vida debería mantenernos centrados en lo que más importa. Hay que reconocer que tu tiempo en este mundo es limitado, te impulsaría a empezar a aprovecharlo al máximo, con entusiasmo, con pasión, dándole significado y maximizando las pequeñas y grandes cosas. Seguramente no vacilarías en ser una persona espontánea y en arriesgar tu corazón.

En mi experiencia, principalmente como pastora, veo la postura de tantas y tantas personas. Mujeres, que resguardan de forma extrema su corazón, las heridas, el dolor, los temores, les hacen cuidarse y no lo arriesgan porque algo les dice, cuídalo que nuevamente lo lastimarán, no lo descubras porque saldrá lastimado. Este en realidad es el último diseño de vida que quisieras vivir si estuvieras a pocos días de morir. Seguramente no cuidarías tanto tu corazón y lo arriesgarías por algo que vale la pena. Cuantas oportunidades delante de ti, has dejado pasar, por temor, por miedo, por el qué dirán, y has dejado de disfrutar algo que era exclusivamente para ti, las terceras personas saldrían sobrando si te hubieras animado a arriesgarte y disfrutar plenamente tu vida y las oportunidades que han desfilado frente a ti.

✦ Vive al máximo

En el primer día de pasos de Pasión, quiero motivarte a que veas la vida desde otro enfoque, que de forma real vivas cada momento al máximo, como si cada segundo y cada minuto que transcurren en el reloj de tu vida cuenta, cada momento te acerca a la hora de partir, si viviéramos de esta forma, seguramente nos volveríamos mujeres mucho más apasionadas, y todo cobraría el valor en prioridades que debería tener.

Vive apasionada, disfruta al máximo, pasión significa *"fuerza, ganas y deseo ferviente"* la pasión es un motor que nos mueve a la acción.

Las Pasiones Cambian

En mi opinión, conforme nuestra vida se va desarrollando, nuestras pasiones van cambiando o tomando un valor diferente. Cuando mis hijas eran muy pequeñas, una de mis grandes pasiones, era cuidar minuciosamente de mi hogar, que todo estuviera en orden y que mis tres bellas niñas, siempre estuvieran nítidamente cuidadas, les compraba vestidos iguales, siempre bien peinadas, amaba estar en mi hogar, cuidar de mi familia, era una apasionada de mi hogar.

Conforme mis hijas crecieron, mis pasiones fueron cambiando, cuando eran adolescentes, una de nuestras pasiones con Hassen era ir de paseo en familia, no había nada más emocionante que ir todos juntos. Viajábamos horas de horas, dentro de un vehículo alrededor de Estados Unidos, y cuando te digo horas de horas, es literal, pasábamos días enteros moviéndonos de un estado a otro, de una playa a otra, de una ciudad a otra, viajamos de Miami, FL, hacia Nueva York, de Houston TX, hacia Las Vegas Nevada... conocíamos, cantábamos, disfrutábamos del viaje, podíamos platicar asuntos pendientes, que en la rutina de los días quedaban sin resolver, hubo ocasiones, que dentro del carro parábamos pidiéndonos perdón y diciendo qué nos había herido uno del otro.

Planificábamos, no únicamente nuestras vidas, sino la iglesia, juntos hablábamos de los planes de cada uno y hasta ayudábamos a Ale y Hassen a escribir alguna línea de las canciones que escribían. Eran viajes que apasionaban nuestras vidas llenándonos de alegría, emoción y deseos de vivir. Fortalecían nuestro amor y nos hacía ser más amigos. Los cinco conservamos esos momentos como un tesoro y los recuerdos más gratos de nuestra vida familiar.

Pero quiero decirte que mi pasión por esos viajes ha disminuido, por la razón que en esta etapa de mi vida no podemos hacerlos. Mis hijas han crecido, la vida ha transcurrido y por lo tanto mis pasiones han cambiado. Te he mencionado que no vivimos en las mismas ciudades, también dos de ellas están casadas, ahora tengo cinco nietos y ellos son la nueva pasión de nuestras vidas, desearía estar cerca de mis tres hijas, pero en este momento no es mi realidad, así que sigo adelante, mis pasiones han tenido que dar un giro, de no ser así, sería una mujer triste, frustrada, amargada, pensando únicamente en el pasado y las alegrías pasadas. Así que sigo adelante, elijo tomar decisiones correctas y sigo encendiendo en mi corazón la llama de la pasión.

Todas las pasiones son buenas, mientras tú eres dueño de ellas, y todas son malas cuando nos esclavizan. (Jean Jacques R)

◆ **Elige ser feliz**

Tienes que saber que todo en la vida es acerca de elecciones. Tú eliges cómo reaccionas a cada situación, tú eliges cómo la gente influye en tu estado de ánimo, tú eliges estar de buen humor o de mal humor, tú eliges estar feliz o no estarlo, tú eliges tener pasiones o no tenerlas. *"Tú eliges como vivir tu vida"*.

No hay mejor elección que decidir disfrutar la vida, pueden pasar varios pensamientos en tu mente y decir dentro de ti, si supiera mi condición, me encuentro en el peor día de mi vida. Quiero decirte que la elección a un cambio radical está dentro de ti, en tu corazón, en la fuerza que puede darte el Espíritu Santo de encender dentro de ti una pequeña llama que te ayude a salir de la condición interior de tu alma. Tú puedes decidir disfrutar la vida.

Regresarán los que han sido rescatados por El Señor; entrarán cantando a Jerusalén, coronados de gozo eterno, estarán llenos de regocijo y de alegría; desaparecerán el luto y la tristeza. (Isaías 35:10)

Para acostumbrarte a estar feliz reconoce lo siguiente:
"La felicidad no es un destino es un camino"

✦ FE EN ACCIÓN

No guardes nada para una ocasión especial, vivir ya es una ocasión especial.

PASOS DE PASIÓN

Pero ustedes amadas amigas, deben edificarse unas a otras sobre vuestra fe, orando en el poder del Espíritu Santo.

(Judas 20)

PASO #16
DÍAS DIFERENTES

Cada día, cada hora, minuto y segundo de tu vida cuenta. Tienen un valor incalculable, nunca más regresan, tú decides si lo aprovechas al máximo o simplemente lo dejas morir. La segundera del reloj de tu vida nunca se detiene, te detienes tú, pero tu reloj de vida jamás. Una vez que el tiempo se pierde en algo, no hay manera de recuperarlo. Cuando pasa una hora, un minuto o un segundo, se ha ido para siempre.

Dios no nos creó para que nos quedáramos sencillamente de brazos cruzados y viéramos cómo la vida pasa ante nuestros ojos, mientras nos preguntamos por qué no nos sentimos realizadas.

La vida está llena de opciones, decisiones, elecciones, cada momento tienes frente a ti una gran cantidad de caminos y tú decides cuál quieres caminar.

Para tener vidas apasionadas, llenas de emociones y retos,

debes tomar correctas decisiones. En el capítulo anterior hablamos de que tú decides, nadie tiene el poder de hacerlo por ti, la vida que estás llevando es tu elección.

✦ Dios no decide por ti

Dios nos ha dado un gran poder, Él nos creó con libre albedrío, quiere decir que Él no nos hizo un robot. Él no decide por nosotros ni nos mueve con un control a larga distancia, No, nunca ha sido así, ni lo será. Él ha puesto en cada uno de nosotros de su Espíritu para guiarnos a hacer lo correcto, lo bueno, lo que nos conviene, lo justo.

La Biblia nos enseña que tú y yo somos poseedoras de la mente de Cristo. (1a. Corintos 2:16) Por medio de la cual podemos entender los designios de Dios para nuestras vidas.

Ustedes dicen: Se me permite hacer cualquier cosa, pero no todo nos conviene. Dicen se me permite hacer cualquier cosa, pero no todo trae beneficio. (1 corintos 10:23)

Todo me es lícito no todo me conviene. Cuando Pablo se refería a este pasaje. Nos recordaba que el tomar decisiones nos compete únicamente a nosotros, no es de Dios, no es de nuestros padres, nuestro cónyuge, un amigo, no es de nadie más. Es únicamente nuestra responsabilidad y tú eres la que has decidido estar en donde te encuentras en este momento.

Esta mañana al levantarte elegiste qué clase de día quieres tener, tú eliges ser feliz o dejar de serlo, si estudias o no, si deseas ser una buena esposa, una buena madre, si anhelas ser buena hija, amiga, una confiable y segura compañera de trabajo, tú decides darle tiempo de tu vida a Dios. Orar, leer la Biblia, dejar que tu vida espiritual crezca, prepararte.

✦ Tú decides

Sin importar las circunstancias a tu alrededor, tú decides como reaccionas ante esas circunstancias, quizás estás en este momento en una sala de hospital con un hijo a punto de morir, o tú misma estás saliendo de una cirugía o peleando por tu vida en la lucha contra el cáncer, o quizá estas pasando por un divorcio, o recién te enteraste que tu hija está con dudas o frustración referente a su sexualidad, pudiera ser que eres una joven y te enteraste que estás embarazada y no sabes cómo reaccionar, cómo decirle a tus padres o qué hacer en este momento.

Hay tantas situaciones y adversidades en la vida, momentos que te dejan sin aliento, sin habla, que práctica mente te paralizan, hay días tan diferentes en este mundo, pero en esos días, tú puedes tomar la decisión de ponerte de pie, de levantarte. Por absurda, dolorosa o difícil que sea la situación y tomar el camino de las mejores opciones, de la mejor decisión, el camino de la felicidad.

Te lo he dicho varias veces y te lo repito; únicamente tú eres dueña de eso. Y no quiero mal explicarme, y que creas que te digo que nadie en tu vida cuenta y que nadie debe decirte qué hacer o no, lo único que quiero compartirte es que, a cada ser humano, Dios nos dio el poder de elección, y nosotros decidimos si tomamos el timón de nuestra vida o dejamos que alguien más lo guíe por nosotras.

Pero esto es complicado, escucho tantas chicas que me

dicen, sé lo bueno, sé hacer lo correcto, me propongo lograr hacer cosas en mi día, y cuando me doy cuenta, lo que hice fue lo contrario, me propongo hacer algo y termino haciendo otra cosa, son patrones en mi vida, que aprendí desde mi hogar, desde niña.

✦ El fruto del Espíritu

Es aquí donde necesitas una fuerza más grande que tú, que únicamente te la puede dar el Espíritu Santo dentro de ti. Que va aumentando en la medida que lo busques y que le dediques tiempo. Hay un fruto, un fruto dado por el Espíritu Santo, que te ayuda a tener dominio propio y control sobre cualquier circunstancia, por difícil que sea.

La clase de fruto que el Espíritu Santo produce en nuestra vida es: Amor, alegría, paz, paciencia, gentileza, bondad, fidelidad, humildad y control propio. ¡No existen leyes contra esas cosas!
(Gálatas 5:22)

Déjame decirte; La vida cristiana no es fácil ni difícil, es imposible. La vida cristiana sólo se puede vivir con el Espíritu Santo en nosotras. Su fruto es la vida cristiana, es la vida de Jesucristo. Todo lo demás es una pobre imitación que no da satisfacción al que lo vive, ni a Dios, ni convence a los que lo ven. El Espíritu de Dios es el motivador interno del creyente para expresar la evidencia externa de la fe. Él da el poder para vivir la vida cristiana, y para trabajar con efectividad para el Señor. En Él lo tenemos todo o no tenemos nada.

Todas y cada una de nosotras, sin excepción, tenemos días difíciles, unos mejores que otros por supuesto, créeme te comprendo. Todas pasamos por esos días en que pareciera que el mundo confabula contra nosotras. Hay gente en este mundo difícil, crítica, con la que nos cuesta liderar, mucho más cuando nos damos cuenta de que esa persona difícil de mal carácter, somos nosotras mismas.

En esos momentos difíciles en el trabajo, el jefe, tus hijos que de vez en cuando tampoco amanecen en sus mejores días, tu esposo o quizá tu madre, hasta las personas que nunca se molestan contigo, ese día deciden también tener alguna diferencia.

Aquellos días que por la tarde dices: hubiera sido mejor hoy no salir de casa, y que sencillamente no tenemos un problema muy grande, todo marcha regularmente en nuestra vida, pero nos sentimos desesperadas y mal humoradas. Esos son los días donde necesitas una fuerza sobrenatural, pedirle al Espíritu Santo que venga, con toda su fuerza y manifestaciones, en esos días, debes anhelar crecer, y pedirle a Dios que te ayude con tu carácter, con tu ser interno, con tu yo, que en ocasiones es difícil de controlar. Pedirle que el fruto del Espíritu pueda ser real y verdadero en tu vida.

Permite que te comparta muy brevemente, el fruto del Espíritu y que puedas con la ayuda de Dios y con tenacidad de tu parte, empezar a vivir bajo estos principios bíblicos:

✦ **Amor**

El amor es el ingrediente indispensable para la vida de todo ser humano, no podemos dar lo que no tenemos, y si no tenemos amor, nuestra vida está seca, sin motivación, sin pasiones ni deseos de vivir, porque el amor es la fuente de agua viva para nuestra vida.

✦ Alegría

La alegría, el gozo, el deleite, la dicha y el entusiasmo son emociones del Espíritu Santo. (Juan 15:11)

La alegría y el gozo son algo interno, no tiene que ver con las circunstancias ni las personas. Uno de los secretos de la alegría es darse cuenta de que la vida es un regalo y no un derecho.

Cuando logras entender a cabalidad la palabra que dice: los que aman a Dios todas las cosas le ayudan para su bien. *(Romanos 8:28)* Es ahí donde inicias a sentir alegría, gozo y contentamiento en cada circunstancia de tu vida. Te invito a reír, a tener buen humor, a ver el lado positivo de las cosas. Esa es la diferencia que puedes tener cuando permites que el fruto del Espíritu haga cabida en tu corazón.

La risa es un calmante sin efecto secundario.

✦ Paz

La paz es una sensación de plenitud, contentamiento y serenidad que llena tu vida de tranquilidad.

El Señor Jesús hablando dice: Les dejo un regalo: paz en la mente y en el corazón. Y la paz que yo doy es un regalo que el mundo no puede dar. Así que no se angustien ni tengan miedo. (Juan 14:27)

✦ Paciencia

Hermanos míos, tened por sumo gozo cuando os halléis en diversas pruebas, sabiendo que la prueba de vuestra fe produce paciencia.

Pero tenga la paciencia su obra completa, para que seáis perfectos y cabales, sin que os falte cosa alguna. (Santiago 1: 2-4)

Una de las marcas de un cristiano auténtico es la paciencia y la tolerancia.

La paciencia es la actitud que lleva al ser humano a poder soportar contratiempos y dificultades para conseguir algún bien.

✦ Amabilidad

Ser amable significa mostrar interés por las personas y ser afable, amigable y bondadoso. La amabilidad es la expresión exterior del fruto interior del amor. Los cristianos transformados reflejan el carácter de Jesús porque son afectuosos y están llenos de amabilidad, afecto y compasión.

✦ Bondad

Porque en otro tiempo erais tinieblas, ahora sois luz en el Señor; andad como hijos de luz. (Porque el fruto del Espíritu es en toda bondad, justicia y verdad), comprobando lo que es agradable al Señor. (Efesios 5)

La verdad de Dios puede libertarnos del materialismo, el temor al futuro y llenar de paz nuestra vida.

✦ Fidelidad

Se feliz no para que el mundo te vea a ti, sino que por medio de ti otros lo puedan ver a Él. No hay amor sin que haya fidelidad, así como no hay fidelidad si no hay amor, teniendo en cuenta que la fidelidad forma parte del carácter leal del amor, razón por la cual la fidelidad es el amor en ejercicio.

✦ Humildad

Jesús enseñó que la humildad es una virtud. ¡No debemos confundir la humildad con la debilidad! Ser humilde no es lo mismo que ser humillado. Ser humilde no es hacer algo y dejar que otro se lleve el reconocimiento.

Ser humilde significa ser realista con la percepción que tienes sobre ti mismo. Implica reconocer tus fortalezas, pero tus debilidades también; conocer tus talentos, pero también tus limitaciones. Todo lo que esté por encima o por debajo de esta percepción objetiva de ti mismo es orgullo.

✦ Dominio Propio

Con Cristo estoy juntamente crucificado, y ya no vivo yo, vive Cristo en mí; y lo que ahora vivo en la carne, lo vivo en la fe del Hijo de Dios, el cual me amó y se entregó a sí mismo por mí.
(Gálatas 2:20)

Mediante el poder del Espíritu Santo llegamos a alcanzar el fruto del dominio propio; y lo que no podríamos hacer en nuestras fuerzas lo hacemos empleando su poder que obra en nosotros.

Si quieres vivir plenamente, una vida feliz, gratificante, llena de desafíos, de sueños cumplidos, de metas por alcanzar, de pasiones por satisfacer, te motivo a que, en tu escala de valores y prioridades, puedas incluir a Dios, a tu familia y a la iglesia. Esto traerá paz, contentamiento, te ayuda a que tus días, aquellos muy difíciles o aquellos llenos de alegría y emociones, puedas pasarlos con mucha más rapidez y sin remordimientos ni acusaciones, porque no estarás sola, siempre tendrás a las personas más importantes que te ayudarán a vivir plena y apasionadamente en esta carretera llamada vida.

Dios no te trajo hasta aquí para abandonarte.

◆ FE EN ACCIÓN

Estemos llenas de alegría. Si las cosas no te están saliendo bien, haz nuevas cosas; cambia el plan no la meta.

PASOS DE *P*ASIÓN

Todos deben de ser de un mismo parecer. Tengan compasión unos de otros. Ámense como hermanos y hermanas. Sean de buen corazón y mantengan una actitud humilde.

1 Pedro 3:8

PASO #17
APASIONADA POR LA *J*GLESIA

En la primera semana tuve la oportunidad de comentarte cómo fue nuestra venida a EE. UU. en el año dos mil, y la forma en que Dios trató específicamente conmigo para el inicio de un ministerio y el inicio de nuestra iglesia.

Amo los domingos, una declaración muy simple pero que tiene una gran connotación para mí. Amar el primer día de la semana, y saber que un buen domingo puede cambiar por completo el transcurso de tu semana, nuestros domingos están destinados a ser el mejor día de la semana.

Es increíble descubrir el evangelio de Jesús que no es una religión sino una relación, espontánea y de amor con Dios. Que nos ayuda a ver nuestra vida de la forma en que Dios la ve. Espero que al igual que yo, seas parte activa de una Iglesia local, donde puedas desarrollarte, poner al servicio de Dios y de la gente todas esas cualidades y dones que El Señor te ha regalado.

Sin duda alguna amo mi iglesia, no podría ni imaginar mi vida sin ella.

Es un regalo de Dios la Iglesia, Él la dejó establecida para que tuviéramos un lugar de comunión y de ayuda mutua, donde puedas crecer y desarrollar los dones y talentos que Él te ha dado, y donde puedas ver la necesidad de personas menos afortunadas a ti y puedas ayudarlas.

✦ Se parte del equipo

Es hermoso tener una Iglesia, un hogar espiritual seguro para ti y tu familia. Te invito a que no únicamente seas un espectador de lo que sucede en tu congregación, sino que seas parte del equipo.

Escuché del pastor T.D. Jakes, hablando de la Iglesia, dijo : es como un partido de básquetbol, en un gimnasio, pocos son los que están en la acción, apasionados por un equipo, por un nombre, luchan, se esfuerzan, dan lo mejor de sí, para sacar adelante su equipo y hacer el trabajo juntos, y muchos son los que están en la gradería únicamente apoyando, echando porras pero haciendo absolutamente nada para que el equipo anote puntos a su favor, es lo mismo que pasa en la iglesia, son pocas las personas involucradas, dando el corazón, haciendo lo mejor, cumpliendo la gran comisión, y muchos son los que están sentados en la sillas, a la expectativa de lo que está pasando, viendo si se hacen bien las cosas o no, pero únicamente haciendo ruido, echando porras, sin anotar puntos a favor, sin sudar y sin pelear para tener un equipo de éxito.

Es mucho más emocionante ser un jugador que un

espectador. El ser espectador nunca se podrá comparar con las emociones, el estremecimiento, la pasión de estar en medio de la acción.

Dios nunca te dará el poder, si has perdido tu sentido de propósito. Es fascinante, encontrar en el libro de Hechos, cuando los apóstoles inician la primera Iglesia y se nos llama por primera vez cristianos en Antioquía, dice la palabra que tenían en común todas las cosas, oraban, alababan a Dios, partían el pan, vendían sus bienes para dar a los pobres, esta es la imagen de la Iglesia primitiva el modelo que nosotros debemos adoptar. *(Hechos 2)*

✦ "Lluvias de Gracia Tx"

En el inicio leíste sobre mi fractura en la pierna y como El Señor me llevó por largos meses a una cama donde Él lo único que quería era hablarme y trabajar en mi duro corazón, y créeme que sí lo logró, claro luego de muchos meses de tenerme quieta, tardé un buen periodo de tiempo para superar este proceso.

Cuando vinimos a Houston, la razón fue que mi esposo Hassen trabajaba ayudando algunas iglesias con el crecimiento de estas y el trabajo de grupos familiares o círculos pequeños de crecimiento integral, luego de algunos meses, el Señor inicio a cerrar puertas; aquí es donde aparece mi madre, por eso bien dicen que los hombres aman a las suegras. Como algo muy peculiar, Hassen siempre ha sido amigo de ella, él mismo dice que es su compañera de oración, su consejera y que en muchas ocasiones de la vida han estado conectados, es como si ella supiera cuando él está pasando tiempos espirituales difíciles y Dios los conecta de una forma increíble. Fue ella uno de los instrumentos que Dios uso para dar inicio a plantar una nueva iglesia.

✦ Cuando una Iglesia nace

Primero fue en una casa en Houston, con una familia conocida nuestra, luego de un par de meses iniciamos formalmente en un hotel del área, donde empezamos a crecer muy lentamente, pero siempre sintiendo el respaldo y apoyo del Señor.

Al inicio de la iglesia, también recibimos el apoyo incondicional de nuestra Iglesia en Guatemala, "Lluvias de Gracia Sede" y el amor de nuestros pastores generales, Edmundo Madrid y Edmundo Guillén. Y fue así, que dimos inicio a lo que hoy es la iglesia. Muy agradecidos con El Señor por lo que nos ha permitido alcanzar, por las familias que hemos podido tocar, somos una iglesia con un deseo ferviente y un amor profundo por alcanzar al perdido, de libertar al cautivo y llevar el mensaje de salvación al necesitado.

✦ Tenemos una filosofía específica, compuesta de:

Visión: *somos una iglesia de excelencia, crecimiento explosivo y alcance mundial, que provee un hogar espiritual seguro para el desarrollo integral de cada uno de sus miembros.*

Misión: *Ser y hacer discípulos de Jesucristo.*
Valores: Amor, fe, cuidado familiar, integridad, vida en el Espíritu Santo, obediencia, trabajo en equipo, desarrollo integral, mayordomía y humildad.

Propósitos: *Adoración, comunión, discipulado, evangelismo.*

Estrategia: Reuniones inspiradoras, círculos pequeños de crecimiento integral (CCI) y ministerios efectivos.

Los grupos pequeños; son el corazón de nuestra iglesia, por medio de los cuales podemos atender en forma personal a cada miembro, cada uno de los líderes es un pastor en potencia, que ama y cuida lo que se le ha encomendado. Nos unimos no para estar juntos, sino para hacer algo juntos, para desafiarnos, amarnos y servirnos.

Tenemos algunos eslóganes que nos caracterizan:
- ✦ Disfrutar la vida es amar más a Dios.
- ✦ Amamos vivir y amamos la vida.
- ✦ Somos una iglesia feliz.
- ✦ Amamos como si nunca nos hubiesen ofendido.
- ✦ Perdonamos rápido.
- ✦ Soñamos como si todo fuese posible.
- ✦ Somos amigos de Dios.
- ✦ Vivimos el cielo en la tierra.
- ✦ Somos una iglesia divertida, donde se prohíbe, prohibir.
- ✦ La iglesia de los niños es la iglesia de adelante.

Recientemente tuve la oportunidad de conocer la iglesia *"El lugar de su presencia"* en Bogotá, Colombia, fuimos muy inspirados por la forma en que el pastor Andrés Corson y su gran equipo hacen iglesia, una iglesia simple, feliz, con excelencia donde usan sus recursos para seguir llevando personas al cielo e invierten para capacitar a muchas Iglesias como fue nuestro caso.

Puedo decirte que no hay nada que como familia nos apasione más, que servir al Señor por medio de servir a la gente, he visto cómo mis hijas se han desarrollado en forma increíble en el ministerio y se ha vuelto una profesión para ellas, tanto es así que dos de ellas estudiaron específicamente para ser ministros del evangelio, para prepararse y ser mejor en la comisión que a cada una se le ha dado. El día de hoy son pastoras ordenadas.

Amiga, quiero decirte que es sumamente emocionante pertenecer, ser parte de lo que Dios está haciendo en estos días con su Iglesia, es apasionante sentirte parte del equipo, estar en el juego, derramar gotas de sudor por cada proyecto que se hace, y no únicamente en la gradería de espectador viendo qué pasa a tu alrededor.

Te ánimo, tú sabes muy dentro de ti, si Dios quiere que le entregues más de ti, y que puedas servirlo, dedicándole más tiempo, más de tu energía, más de tu dinero, quizá un privilegio que has tenido parado por miedo, por temor a no ser suficientemente buena para cumplirlo, te invito a que desarrolles tu confianza, que te alientes a ti misma. Sal de tus miedos e inseguridades, da pasos hacia adelante, ten la confianza de que Dios puede hacer lo que Él quiera hacer. Pasa por en medio de tu más grande temor. Quizá Dios te está llamado a ser parte de los ministerios de tu congregación, con las mujeres, con los niños, jóvenes, alabanza... La iglesia local te necesita, nuestras vidas cambiaron después de los difíciles mese de pandemia, en algunos lugares fueron años que estuvimos parados, aislados; haciendo iglesia únicamente a través de nuestros móviles o medios de comunicación, fue maravilloso cuando regresamos a la normalidad. Podemos tener reuniones presenciales y seguir siendo la iglesia, en esta época, sentimos aún más la necesidad de ser radicales, de amar a Jesús, de amar lo que El ama y servirlo.

En la mayoría de las iglesias hay ministerios en los que puedes trabajar y desarrollar una vida cristiana sana y saludable.

El plan original de Dios para tu vida es que no te encuentres sola, que nos congreguemos, que seamos parte de una familia espiritual, que seas parte de su cuerpo, del mejor organismo: ¡Su Iglesia!

✦ **FE EN ACCIÓN**

El amor y valor que tenemos por la iglesia está estrechamente relacionado con el valor y amor que tenemos por nuestros pastores.

PASOS DE FÉ

PASOS DE PASIÓN

Esto lo hacemos en fijar la mirada en Jesús, el campeón que inicia y perfecciona nuestra fe. Debido al gozo que le esperaba, Jesús soportó la cruz, sin importarle la vergüenza que esta representaba. Ahora está sentado en el lugar de honor, junto al trono de Dios.

Hebreos 12:2

---◆---

PASO #18
LA PASIÓN DE CRISTO

En la primera semana, tratamos específicamente el tema de valor: *"Pasos de Valor"* Utilicé durante los siete capítulos frases como; Tú puedes. El poder está contigo. Si tú crees que puedes, puedes. Eres hija de Dios; por lo tanto, poseedora de todo lo que Él tiene. Eres suficientemente bella. Inteligente. Con dones, aptitudes, cualidades, capacidades, específicas dadas por Dios para nuestro excelente desarrollo. También en varias oportunidades, he recalcado el hecho de que somos únicas, detalladamente diseñadas por el creador del universo, que, con amor, paciencia, tomó de su tiempo para el momento de tu concepción. De esta forma podría seguir relatándote conceptos que has visto a lo largo de la lectura.

Y por supuesto, no es para nada mi intención contradecirme, esto no sería muy usual, estoy convencida cien por ciento, sobre todo lo que hemos estudiado en estas líneas tratando el tema de identidad, y cómo podemos crecer en nuestro amor y seguridad propia, con ayuda de los conceptos que te he presentado. Mi deseo es que juntas demos un paso más.

✦ Un domingo como todos

Quiero contarte una experiencia espiritual que tuve hace algunos años.

¿Era un domingo regular de iglesia, estábamos en medio del servicio, no sé si a ti te pasa? pero a mí con regularidad, cuando sé que Dios me hablará específicamente, o que algo importante en mi vida va a suceder, me preparo porque lo puedo sentir y percibir, hay domingos que no entro a la iglesia con Biblia, tampoco bolsa, nada que tenga que cuidar.

✦ Un momento espiritual

Te decía que nos encontrábamos ya en la reunión del domingo, mi esposo terminaba el mensaje, como somos una iglesia que ama la familia y su bienestar, sin temor a exagerar puedo decirte que, de los cincuenta y dos domingos del año, quizá treinta y cinco de ellos son relacionados con temas familiares.

Luego que terminó de predicar, pasamos a tomar santa cena, para este momento mi corazón seguía latiendo con mucha fuerza, porque desde esa mañana al levantarme, yo sabía que era un día especial, un día que tenía que tener todos mis sentidos conectados, para el momento en que Dios iba a hablarme, todo el tiempo desde el inicio estuve muy atenta, esperando el momento espiritual, que es lo que llena eventualmente mi vida, de pasión, amor, fuerza, valentía e ilusión por seguir haciendo la obra de Dios y seguir adelante.

Cuando inició la Cena del Señor y se leyeron los versos que El Señor Jesús pronunció aquella gran e inolvidable noche a sus discípulos. Pues yo les transmito lo que recibí del Señor mismo. La noche en que fue traicionado, el Señor Jesús tomó pan y dio gracias a Dios por ese pan. Luego lo partió en trozos y dijo: *"Esto es mi cuerpo, el cual es entregado por ustedes. Hagan esto en memoria de mí."*

De la misma manera, tomó en sus manos la copa de vino después de la cena, y dijo: *"Esta copa es el nuevo pacto entre Dios y su pueblo, un acuerdo confirmado con mi sangre. Hagan esto en memoria de mi todas las veces que la beban"*. Pues, cada vez que coman este pan y beban de esta copa, anuncian la muerte de Señor hasta que Él vuelva. *(1 Corintos 11:23-26)*

Estábamos en medio de esta lectura cuando empecé a sentir que me desconectaba del lugar, por un momento me sentí cómo que era el único ser sobre todo el planeta.

Me encontraba de pie, en la primera fila de la iglesia, cuando empecé a sentir una fuerte presencia de Dios, tuve una visión de Jesús, lo vi en la cruz, goteando sangre, y con el rostro desfigurado. No es tan difícil pensar en una escena tan real. Era como estar dentro de la misma escena y me encontraba frente a Jesús, pude sentir su mirada tierna llena de amor, viéndome, como la única persona en el mundo, diciéndome, que allí, en ese lugar es donde estaba cimentada, enraizada, clavada, mi *"Identidad"*.

Créeme que me sentía confundida, Jesús, mi Señor, mi Maestro, me estaba hablando de identidad en la Cruz, no me estaba diciendo que estaba allí cargando todos mis pecados, todos mis malos pensamientos, todas mis mentiras, todo mi dolor, todas mis frustraciones, todas mis enfermedades.

Sin embargo, fueron nuestras debilidades las que Él cargó; fueron nuestros dolores los que lo agobiaron. Y pensamos que sus dificultades eran un castigo de Dios; ¡Un castigo por sus propios pecados! Pero Él fue traspasado por nuestras rebeliones y aplastado por nuestros pecados. Fue golpeado para que nosotros estuviéramos en paz, fue azotado para que pudiéramos ser sanos. El Señor puso sobre Él los pecados de todos nosotros. *(Isaías 53:1-12)* (Te invito a que hagas una corta pausa en tu vida; al final de este capítulo y leas Isaías 53 en actitud de oración)

En la visión Jesús me hablaba de identidad. En ese momento reaccioné, sintiendo el cuerpo muy caliente, con el corazón que latía muy fuerte, sentí por algún momento que iba a caerme cuando llorando le dije: Señor, estás en la cruz por mí, por mis pecados, perdóname, te agradezco que diste tu vida por mí.

Por eso hago nuevamente la declaración: *"Yo amo los domingos"* (un domingo en la iglesia puede cambiar radicalmente tu vida). Cuando El Señor Jesucristo desde la cruz me dijo: di mi vida por ti, para que supieras quién eres, eres mi hija y te amo profundamente, tu identidad, quien tú eres, cobra valor, no por quien tú eres, y por todo lo que te esfuerzas por ser: El valor más grande que tú tienes, es que te amé tanto y tan profundamente, que no me arrepentí de haberte creado, te amo tanto, que me encuentro aquí, muriendo en tu lugar, para que tu puedas tener vida, para que seas feliz, y para que disfrutes una vida plena en esta tierra, estoy aquí, para darte vida eterna.

Yo hasta este momento, no sabía si estaba soñando, si era una visión, si era mi imaginación, si eran mis pensamientos, si era un sentir de mi corazón. Yo solo podía sentir que en el mundo espiritual estaba sucediendo algo extraordinario, no sabía de las personas a mi alrededor, no recuerdo, si para este momento estaba la iglesia de pie cantando o no, mi atmósfera había cambiado radicalmente y yo me encontraba frente a la cruz, esas pocas, sublimes y sobrenaturales veces que he tenido la fortuna, de encontrarme frente a una zarza encendida, son las que han transformado radicalmente mi vida, y han sido los parte aguas de mi ministerio.

✦ Una relación real y verdadera

Puedo decirte con toda honestidad, que han sido pocas las veces que el Señor me ha bendecido tan sobrenaturalmente, quizá ha sido únicamente una vez cada cuatro o cinco años, estas pocas veces son las que han marcado poderosamente mi vida. La primera vez que tuve esta experiencia sobre natural, fue cuando recibí la unción del Espíritu Santo, en Guatemala, a la edad de diez años.

Creo en un Dios Trino, porque lo he experimentado, porque lo he sentido, porque es real, porque ha cobrado vida en mí. Dentro de mí y a mi alrededor, he sido testigo un sin número de veces, cómo los ángeles han venido a protegerme y rescatarme, si no fuera por su amor y misericordia, quizás el día de hoy no podría ni siquiera ponerme frente a un computador, y tratar de escribir una sola línea, si no tuviera argumentos reales, vivencias que me hacen con autoridad narrarte sobre una vida en sobreabundancia espiritual.

Cuando reaccioné, de esta visión, sentí mucho movimiento a mi alrededor, estaba subiendo la persona encargada de motivar para los diezmos y ofrenda, y todos estábamos tomando nuestro lugar, al sentarme vi que tenía en mi mano, la copita de vino ya vacía, y dije: ¡OH que bien! Tomé la cena del Señor, no me la perdí. No puedo recordar, nada de lo que pasó dentro de la iglesia durante ese momento. Solo podía recordar que yo había tenido una experiencia sobrenatural, una experiencia que me empujaba con más fuerza y más seguridad, a seguir hablando y proclamando el llamado específico que Dios me ha hecho desde hace algunos años, de levantar la dignidad, valor y amor de la mujer.

Desde ese día, que el Señor cambió completamente el estado de mi corazón, y entendí, que el valor más grande que tú y yo tenemos, está en la cruz, en que Jesús no se negó, a dar su vida por ti y por mí, no únicamente para perdonar nuestros pecados, no fue solo para darnos vida eterna, también fue para darnos un valor incalculable, el valor que una mujer puede sentir al saber que alguien muere por ella, por salvarla, por redimirla, que ocupa su lugar, eso te hace sentir la persona más importante sobre la tierra. Esa soy yo, así es como me siento desde ese día, nadie en este mundo tiene más valor ni menos valor que yo, porque la Sangre de Jesús tiene todo el valor y todo el poder, para hacer de nosotras mujeres nuevas, sin ataduras, sin frustraciones, sin remordimientos. No se trata de ti, no se trata de mí, se trata de Él.

Cuando puedo dar a cada mujer, la esperanza, de que su valor, identidad y amor propio, no depende de nadie, ni de ella, ni de sus esfuerzos, trato de no perder la oportunidad de decirles; depende de encontrar su lugar correcto, en la persona del Señor Jesucristo. El que, sin necesitar hacerlo, vino a este mundo a nacer, a enseñarnos, a darnos ejemplo, a dar su vida, a morir en la cruz, a darte vida eterna, para que tú, sí tú, cada momento, cada segundo, cada respirar de tu corto existir; sepas, estés consciente, camines con la frente en alto, porque vales la sangre, la sangre de Jesús, derramada en la cruz exclusivamente por ti. Esto debería llenar tu vida de alegría, de esperanza, darte la oportunidad de tener días mejores. Darte la oportunidad de ser feliz, de sonreír, de buscar al Señor con todo tu corazón y de refugiarte en Él.

Te invito a que leas Isaías 53 y tomes un tiempo para orar, cuéntale a Dios el estado de tu corazón, seguro en la escritura encontrarás las respuestas a las interrogantes de tu vida.

◆ **FE EN ACCIÓN**

La iglesia es mejor porque tú estás allí.

PASOS DE 𝒥É

PASOS DE $\mathcal{P}$ ASIÓN

Porque todo lo que es nacido de Dios vence al mundo; y esta es la
victoria que ha vencido al mundo, nuestra fe.

1 Juan 5:4

PASO #19
LAS MUJERES LIDERAN $\mathcal{M}$ EJOR

Una calurosa mañana de verano, Rodrigo, el esposo de mi hija Claudia, estando de visita en casa, y comentando el tema de *"Pasos de Fe"* me hizo una pregunta a la que le he descubierto mucho sobre mí.

Él dijo: Claudia y ¿Cuáles son sus escritores preferidos, sobre qué es lo que usted más lee? En el momento, sin ninguna dificultad; le dije aproximadamente 5 o 6 nombres sin necesidad de pensar mucho.

Por la tarde, pensando nuevamente en la pregunta, realicé una lista de la mayoría de los escritores que he leído en los últimos 30 años. Al revisar la lista y prestarle atención me di cuenta de que había únicamente dos mujeres y trece hombres. Y el tema principal era sobre liderazgo.

Noté que las mujeres, los libros que anoté de ellas fueron también de liderazgo. Así que puse mucha más atención en mi lista y descubrí, que cada vez que he tenido que leer libros que no tratan con el tema de liderar, es porque necesito hacerlo, es cuando he tenido que estudiar o profundizar con temas que me encuentro desarrollando. También descubrí que me gusta mucho mas leer de hombres que de mujeres, y noté que la razón es porque la mayoría de las mujeres escriben sobre roles familiares. La educación. Cómo guiar a los hijos. Cómo ser amigas de los hijos. Mujeres llenas del Espíritu Santo. Cómo ser buenas esposas. Mujeres que oran; por sus esposos, por sus hijos, etc. Muy pocas mujeres hablamos de liderazgo. Y me uno a la lista, porque *"Mi mejor Conversación"* es un pequeño manual de oraciones Bíblicas, en donde mi tema principal, fue enseñarles a las mujeres a tener una mejor, dulce y auténtica relación con Dios. Luego tuve la oportunidad de escribir *"Inicia el Día con Dios"* un devocional diario basado en el libro de proverbios. Así que seguramente, yo no hubiera leído mi material.

✦ Escritores favoritos

En mi minuciosa lista de quince autores preferidos, en donde encontré únicamente el nombre de dos mujeres; una de ellas, impactó mi vida con respecto al liderazgo de la Mujer: en su obra: *"Las Mujeres lideran Mejor"* Nancy Beach. Trata temas tan importantes como la mujer liderando en diferentes roles de su vida. En su vida particular, de negocios, en la iglesia, y como descubrir que lideramos donde quiera que nos encontremos. Enseña que el liderazgo importa. Es uno de esos libros que puedo leer y volver a leer. Así como además de mi lectura anual de la Biblia, tengo un top de aproximadamente cinco libros que leo cada dos o tres años. De escritores importantes como: John C. Maxwell, Mark Batterson, Rick Warren, Bill Hybels, Kerry Shook, entre otros. Como paréntesis te aconsejo puedas leer y estudiar libros de ellos, que estoy segura, transformarán radicalmente tu vida, con principios extraordinarios, que, al ponerlos en práctica, harán que tu vida, crezca y tus relaciones mejoren de forma maravillosa.

✦ **Apasionadas por el liderazgo**

No podemos hablar durante toda una semana sobre Pasión, sin tocar el tema del liderazgo de la mujer. Cada una de nosotras debería ser apasionada por liderar, no importando desde donde lo hagas; sé líder donde quiera que estés. Antes también te mencioné, que Dios ha puesto en cada una de nosotras características esenciales que debemos descubrir y de utilizar para los propósitos que nos fueron dados. Todas podemos dirigir, liderar, influenciar desde nuestro lugar, desde nuestra asignación temporal. El liderazgo se trata de dar y de aprender los unos de los otros. Darnos el regalo unos a otros del respeto.

Para liderar, se necesita tu corazón.

Podemos liderar desde cualquier lugar, quizás en tu hogar, como madre, por favor nunca te desestimes, una madre debería ser un excelente líder, ya que los hijos te observan muy de cerca, y mucho más que tus palabras les ponen atención a tus acciones. Tu como líder de tu hogar, marcas la cultura de este.

El mejor consejo que puedes darle a alguien es tu ejemplo.

Puedes ser líder en tu trabajo, en la oficina, en donde te desarrolles, puedes tener atributos dignos de imitar, haciendo tu trabajo con excelencia, siempre hay alguien viéndote, listo o para aprender de ti o para promoverte a un mejor puesto.

También puedes liderar siendo la gerente de una empresa. La líder juvenil, la directora de un grupo, la pastora de una iglesia, o dirigiendo algún ministerio importante, y créeme si estás en alguna de estar áreas, tienes un gran compromiso, por mejorar, por prepararte y hacer cada día las cosas mejor y con excelencia.

> *Cuando un líder mejora todos ganan.*
> *(Bill Hybels)*

Una de las lecciones de liderazgo que aprendí desde hace muchos años, y que la enseño dentro de nuestros círculos de crecimiento, es la siguiente: Como líder, la primera persona a la que necesito liderar soy yo. La primera persona que debería cambiar soy yo. Si no estás dispuesta a hacer tú el primer cambio, por favor nunca le pidas a los demás, que quieran seguirte. Si tú no crees en ti misma, nadie creerá en ti. Si no impactas tu propia vida, no impactarás a nadie, liderar es llevar a las personas de un punto "A" a un punto "B" si tú misma no sabes a dónde vas, no podrías guiar a nadie más y lo más seguro es que tú y tus seguidores no lleguen a ningún lado. Cuando te armas de humildad podemos aprender los unos de los otros.

Para nada quiero subestimar a mis queridos caballeros en este capítulo, pero las mujeres somos cien por ciento apasionadas en lo que hacemos, entregamos el corazón y hasta el alma, cuando se trata de algo que amamos.

También he tenido la oportunidad de encontrar en el transcurso de mi vida a excelentes líderes, mujeres con un compromiso específico de ser mejor y llevar a un nuevo nivel a las personas que vienen caminando con ellas. Hay muchísimas mujeres que gozan de mi admiración; no tengo que ir muy lejos para encontrarlas. Muchas de ellas las tengo tan cerca de mí, porque son parte importante dentro de nuestra Iglesia.

Si eres mujer no puedes pensar menos de ti y creer que no tienes los atributos correctos para dirigir un grupo de gente, hombres, mujeres, jóvenes, no importa sexo ni edad, si has sido llamada a liderar deberías afrontarlo de la mejor forma, estudiando y preparándote cada día más.

◆ Una lección pastoral

Nos encontrábamos en un congreso únicamente para pastores, había aproximadamente dos mil pastores, y hubo un tiempo específico de preguntas y respuestas: El Pastor T: D. Jakes, que era el conferencista principal y director del evento, era el que estaba en ese momento respondiendo a las preguntas. Se puso de pie una mujer de aproximadamente treinta años y le dijo: Pastor Jakes, acabo de ser removida de mi cargo como pastora dentro de mi organización. La pastora principal, se molestó porque la gente me estaba siguiendo más que a ella, estaban buscándome para consejería. He tenido revelaciones específicas de parte de Dios para nuestra congregación, y lo primero que he hecho es buscar a mis líderes principales, a mis pastores. Pero luego de todo un año de conflictos principalmente con la pastora. Vengo a este congreso a tan solo una semana de ser quitada y sacada de mi congregación. Tengo - dijo ella: con voz quebrada y lágrimas sobre sus mejillas; - el corazón en pedazos y no sé cuál es la forma de actuar en este momento. No quiero hablar mal, del que ha sido mi hogar, de los que han sido mis pastores, pero estoy fuera y ahora tengo que seguir sola y salir adelante.

Te imaginas la dimensión de esa pregunta en medio de dos mil pastores. Hubo un silencio absoluto. Yo rápidamente volteé a ver a mi esposo Hassen para ver la expresión de su rostro, y únicamente me levantó una ceja. Estaba ansiosa de la respuesta del pastor y sabía que iban a salir mal más de uno dentro de ese auditorio.

El pastor T. D. Jakes respiró y dijo: No permitas que nadie te haga sentir menos. El que inició la obra en ti, la perfeccionará. Sigue adelante, con amor y dignidad. Si tú estás libre de culpa, se va a notar muy pronto. Nunca hables de nadie en el púlpito, menos de los que te han sostenido por algún tiempo. Tampoco hables de los que te han amado y por razones diversas se ha roto la relación. Nunca hables de nadie en el púlpito; solo los cobardes usan el púlpito para hablar específicamente de alguien. Levántate y predica como que nunca has tenido problemas en tus relaciones. Prepárate, estudia, esfuérzate. Tienes que guiar a las personas con inteligencia, nunca te pares a disertar un sermón que no vives y que no has estudiado correctamente. No salgas de un lugar hablando de esas personas. Nunca seas un pastor usando a la gente para sentirte bien. La Iglesia no es tu cuarto de masaje. Quiero decirte: le dijo- mirándola a los ojos; Dios no le va a dar poder a nadie que ha perdido su sentido de propósito. Si vas a iniciar de nuevo, pídele a Dios ser una mujer ungida. Sí sé ungida. No importando el tamaño de tu Iglesia. Tu estándar debe de ser de excelencia, siempre el mismo estándar, sin importar si tu audiencia es de diez personas, de cien o de miles.

No encuentro en la Biblia alguien más ungido que Jesús; y Él no tuvo una gran congregación, Él inició su ministerio en las casas, pero como fue el líder de líderes, el líder más extraordinario e íntegro que ha existido, lo seguían multitudes.

Te doy un consejo, -Le dijo- tú decides si lo tomas o no: No le pidas a Dios que te haga grande, ni salgas con rivalidad de donde te encuentras, pídele a Dios que te haga mejor. La excelencia está dentro de ti, no en tus cosas, en lo que posees o en el tamaño de la tu iglesia, se trata de lo que tienes en tu corazón y en tu espíritu. Tú tienes que saber quién eres. ¿Sabes? Le dijo - Jesús sabía quién era, y por esa razón sus discípulos y seguidores lo amaban. Las personas van a seguirte no por lo que tienes en la cabeza, sino por lo que tienes en el corazón. Nunca pierdas la intimidad en la iglesia por ser importante. Debes inspirar a las personas, debes estar llena de pasión. Y cerró diciendo: Ten mucho cuidado a quien tienes en tu espacio, esa persona cambia tu atmósfera.

El auditorio entero, se levantó luego de un silencio profundo y se escuchó por varios segundos ovaciones a lo que fue la respuesta del pastor.

No sé si las palabras o frases que acabas de leer hablaron algo a tu corazón o espíritu, pero créeme que a mí sí. Me golpearon el corazón. Luego de escuchar la respuesta que dio el pastor Jakes, sentí que había valido la pena lo que invertimos en el evento al haber escuchado esas palabras. Nunca le habló de la iglesia y los pastores de donde estaba saliendo, no se enfocó en ellos, se enfocó en darle una magistral respuesta de amor, pasión y seguir adelante, si en verdad era el líder honesto y sin culpa, que mencionó en su pregunta. Me parece que nos dio a todos los presentes una gran lección sobre liderazgo genuino.

La realidad, querida amiga, que ninguna de nosotras somos buenas para todas las cosas, hay cosas que hacemos mejor que otras, Dios nos hizo así para que pudiéramos complementarnos, así que cada una de nosotras con nuestros dones, talentos y capacidades, podemos complementar otro líder igual a nosotras. Poniendo cada una sobre la mesa, lo que realiza mejor, lo que hace de forma genuina, y lo que no le cuesta esfuerzo realizar, y juntas podemos llevar nuestras organizaciones e iglesias a un lugar mejor.

También quiero puntualizar, que conozco decenas de excelentes lideres, pastoras, que aman a Dios, que aman su congregación, que saben que fueron llamadas por amor y misericordia, que, a pesar de sus errores, frustraciones y equivocaciones, Dios siempre busca lo mejor de ellas, para bendecir, amar y cuidar lo que les ha dado.

Amelia Earhart, aviadora estadounidense, reconocida por desafiar al género masculino en cada uno de sus vuelos, e intentar el primer viaje aéreo alrededor del mundo. Dijo: *"La manera más efectiva de hacerlo, es hacerlo"*

Como pastora, estoy muy clara que no soy buena en muchas cosas… es más … confesando abiertamente mi corazón delante de ti, hay muchas mujeres a mi alrededor que me ayudan tanto para que yo pueda verme mejor de lo que soy. Así que con la ayuda de mujeres que Dios ha desarrollado en diferentes áreas, puedo cumplir mi rol de la mejor forma.

Amo y respeto profundamente mi llamado hacia la mujer, tengo un llamado genuino de levantar no de enterrar, deseo ser una plataforma, un elevador, una escalera para las chicas que vienen no detrás de mi sino a mi lado, enseñarles que, de forma genuina, podamos juntas cumplir la gran comisión que nos ha sido encomendada. La gran comisión es para gente ordinaria, haciendo cosas extraordinarias.

◆ **Los líderes son el futuro de la Iglesia**

Somos una iglesia que creemos que nuestro futuro no depende de nosotros los pastores; descansa en el amor, pasión y capacidad de los líderes.

Vamos chicas, nosotras podemos. Tú puedes. Desarrollemos y vivamos la vida que Dios planificó para nosotras, una vida gratificante, llena de logros y aspiraciones, no mates tus sueños ni dejes que nadie los mate por ti. Tú eres única y tienes una asignación específica por cumplir. ¡Un liderazgo que nadie puede ocupar más que tú!

"El desafío del liderazgo es ser fuerte, pero no grosero; ser amable, pero no débil, ser valiente, pero no intimidar; ser reflexivo, pero no perezoso; ser humilde, pero no tímido, sentirse orgulloso, pero no arrogante; tener humor, pero sin locura" Jim Rohn

◆ **FE EN ACCIÓN**

Es tan saludable alegrarnos con el liderazgo de los demás. Cuando logras comprender que la vida no solo se trata de ti, si no se trata también de otros, de sus talentos, sus alegrías y sus éxitos, es cuando inicias a ser grande.

PASOS DE PASIÓN

Y Jesús le dijo: Puedes irte, pues tu fe te ha sanado. Al instante el hombre pudo ver y siguió a Jesús por el camino.

Marcos 10:52

PASO #20
MI PASIÓN POR EL EVANGELISMO
POR: OLGA MIRIAM DE GUILLÉN

La pasión es una de las expresiones más altas del amor que nos lleva a realizar acciones que normalmente no haríamos, acciones en las que no entendemos a cabalidad lo que nos está sucediendo, es una fuerza interna que nos hace avanzar, desarrollarnos, dar todo aquello que en nuestro estado normal humano no haríamos.

Cuando estamos apasionadas vencemos barreras de discriminación, barreras económicas, barreras culturales y aún barreras de salud que muchas veces parecen ser impedimentos imposibles de superar. Cuando este sentir es producido por el Espíritu Santo y no por intereses creados, es un mover genuino, natural, un poder que no conocíamos, que fluye de adentro hacia afuera.

La pasión que produce el Espíritu en nosotras es un sentir maravilloso, único. Creemos que es un sentimiento, pero es algo mucho más grande, poderoso y profundo que nos hace traspasar límites, ensanchar nuestro territorio, extender cuerdas y tiendas. Rompemos moldes religiosos, especialmente en nosotras las mujeres.

✦ Llena del Espíritu Santo

Recuerdo que cuando fui llena de la plenitud del Espíritu me sentía poseedora del mundo, es decir una mujer nueva, dispuesta a comérmelo (una frase coloquial), miraba a mi alrededor y aparentemente todo seguía igual, los mismos desafíos del día a día, las mismas limitaciones, especialmente físicas que para mí han sido las más difíciles de superar, pero con esta pasión avasalladora que me inundó desde que conocí a Cristo y fui siendo instruida y guiada por el Espíritu Santo en sus operaciones extraordinarias a través de Su Palabra y de mi comunión con Él, mi vida cambió. Fue un giro de 180 grados.

La pasión bien orientada es necesaria para llevar a feliz término la misión para la cual fuimos llamadas.

Para cumplir el propósito de Dios en nuestras vidas. Hemos sido configuradas a la imagen de Dios, para ser un ramal, un afluente de Él. Por lo tanto, estamos capacitadas para amar, para dar pan al hambriento y necesitado (y no hablo solo del pan físico) que es necesario sino el pan espiritual, el pan de consolación y compasión. *Isaías 58:6-7*

✦ Corazones sensibles

Tengo varias anécdotas que quisiera contarte y una de ellas fue cuando me operaron una rodilla, me di cuenta de que es en los hospitales cuando el corazón está más sensible y necesitado para oír la voz de Dios, por lo tanto, dispuse yo también mi corazón para ser un canal del Espíritu Santo, es decir un canal de bendición para las hospitalizadas y el personal paramédico.

Antes de la operación no tuve la oportunidad de hacer lo que había dispuesto, pero un día después de la operación organicé una reunión en la habitación en la cual me encontraba, ya que era bastante espaciosa, y logré que me la autorizaran y como pude arrastrando práctica mente la pierna operada y ayudada por algunas enfermas fui a las demás salas e invité a las mujeres que estaban allí. Una de las señoras de las que servían los alimentos, atendiendo a mi petición me compró refrescos y golosinas. Realicé la reunión después de la cena llegando las que se podían movilizar, pensaban que era una reunión solo para pasar un buen rato y distraerse, pero en medio de la reunión yo acostada en mi cama les di un pequeño mensaje de salvación, recibiendo aproximadamente doce asistentes. Luego al día siguiente mi nuera Maggy, me llevó un pastel de chocolate bastante grande, y mi esposo bebidas y golosinas. Esa noche fue algo maravilloso, fueron llevadas pacientes de otras salas que no se podían movilizar, en silla de ruedas por las enfermeras, recibiendo a Cristo todas las pacientes que no habían asistido antes incluyendo algunas de las enfermeras.

Les quiero contar que esos dos días tuve fuertes dolores, pero la pasión que pone Cristo en el corazón nos hace ser audaces, valientes, fuertes e intrépidas, para soportar y superar el dolor ya que esa dulce pasión supera muchas veces el dolor físico que nos puede atrapar, porque recordemos que sin fe es imposible agradar a Dios. *Hebreos 11:6.*

Para lograr que en un hospital autoricen un evento de esta índole, se necesita algo más que gracia, fuerza y valentía. Se necesita confianza, fe, esperanza, y esto lo produce solo esta divina pasión aún en medio de la debilidad y el dolor. *Filipenses 4:3.*

Por eso, bellas mujeres dejemos que el Espíritu Santo nos llene de esa pasión y no habrá desmotivación, cansancio, negligencia, escases o dolor que nos impida cumplir el plan de Dios para lo cual fuimos conocidas, llamadas y predestinadas. *Romanos 8:28 y 29*

Soy una mujer común y corriente, algunas veces miedosa o temerosa, con limitaciones muy fuertes, pero apasionada por Dios, y por cumplir su mandato de llevar el evangelio a toda criatura y hacer discípulos. *Mateo 28:19*

La pasión de Dios es maravillosa, dulce y armoniosa, vivificadora y fortalecedora para los hijos de Dios, tenemos que ser apasionadas para tener una vida mejor y sentir satisfacción y gozo por lo que hemos hecho dando siempre gracias y honra al Señor. La pasión es una fuerza energética que nos hace hacer proezas que serán recordadas por nuestras generaciones.

✦ Estuve en el cielo

Quiero relatarles una experiencia profunda que marcó mi vida y la de mi familia. Corría el año de 1982 en agosto para ser más exacta, caí gravemente enferma con un fulminante diagnóstico médico: Leucemia en su última etapa, no me dio tiempo de reaccionar, cuando sentí ya estaba hospitalizada con una fiebre de 40 grados Celsius que no lograban bajar y a la vez trataban los médicos de ponerme trasfusiones de sangre (células empacadas) para tratar mi médula ósea y así intentar de salvar mi vida, aunque eran muy pocas las posibilidades, mi cuerpo no respondía, ya que al ponerme estas transfusiones mi cuerpo las rechazaba, al extremo que los médicos dieron por perdido mi caso. Ingresé al hospital el martes 17 de agosto y en lugar de haber alguna mejoría, empeoraba a tal grado que me diagnosticaron como *"desahuciada"*, informándoles a mi esposo y a mis padres (mis hijos eran adolescentes 11, 13 y 15 años) probablemente no llegaron a comprender a cabalidad la gravedad de mi caso, por lo cual doy gracias a Dios.

Esperando la fatal noticia, mi esposo, teniendo el recurso poderoso de la oración organizo una cadena de oración telefónica las 24 horas, mi madre una mujer de fe, declaraba que yo viviría, porque aún no había cumplido el propósito de Dios para el cual había nacido. Estaba cubierta de oración. En la misma semana que ingresé al hospital, tres días después, para ser más exacta el viernes 2 en la madrugada entré en estado de coma, antes de esto estuve sumamente consciente: oraba y repetía constantemente versículos bíblicos que tenía atesorados en mi corazón (que importante es memorizar la Palabra de Dios), y un corito que decía así: *"Allá en el cielo, allá en el cielo, allá en el cielo no habrá tristeza ni más dolor..."* únicas armas con que contaba y las tenía que usar. Todo el día estuve grave, los médicos esperando sin duda alguna un desenlace fatal.

A continuación, narro la profunda y maravillosa experiencia que yo vivía, ni antes ni después he tenido un momento así: Antes de entrar en coma sentía que los huesos se me deshacían, era un dolor insoportable y yo solo podía decir ¡Señor llévame! y sin duda alguna fue cuando entré en estado en coma según los médicos, pero para mí fue el suceso más hermoso y vivificante que he tenido. Inmediatamente me vi en el cielo caminando con un personaje alto y delgado, rápidamente lo identifiqué, era el Señor Jesucristo que me llevaba de la mano, el camino era resplandeciente como el oro, pero alrededor contrastando era tan florido, bellísimas flores con colores hermosos, que nunca había visto y abundantes árboles verdes y brillantes.

Él me hablaba con el pensamiento, sus Palabras eran inefables e inigualables, no recuerdo que palabras eran, pero yo era muy feliz, había un gozo inusual, pero llegó un momento en que este precioso personaje se paró y me hizo ver mi cuerpo maltrecho en una cama, diciéndome que tenía que regresar, que no era mi tiempo, que aún me quedaba por hacer; yo no quería regresar, el hecho hermoso es que no me recordaba de mis seres amados, si no hubiese sufrido, pero allá no se conoce ese sentimiento, en el cielo no hay dolor ni sufrimiento, solo hay alegría, gozo inigualable y una gran dulzura y satisfacción ¡Cómo iba a querer regresar!, cuando sentí estaba en mi cama, pero completamente consciente, controlando mis esfínteres, vuelvo a repetir es lo más bello, hermoso y glorioso que me ha pasado, no hay palabras para expresarlo, al escribir estas líneas hay llanto en mis ojos porque revivo esos momentos maravillosos, porque hoy miro hacia el pasado y considero todos esos días que no fueron muchos, cuatro días de angustia y de dolor en momentos de gozo y felicidad hasta la fecha llenándome de fe.

Luego de despertar, me tomaron otra muestra de sangre y salió todo completamente normal: plaquetas, glóbulos blancos, y la hemoglobina me había subido a 12.2, por lo que el Doctor daba por seguro que los exámenes estaban equivocados, por lo que procedió a hacérmelos de nuevo aproximadamente dos horas después.

Al ver los médicos que los exámenes estaban correctos me pusieron una célula empacada (trasfusión de sangre concentrada y fortificada).

La hemoglobina no subió un solo gramo (con esa clase de transfusiones me enteré que sube tres gramos, puede ser que me equivoque en los términos médicos, pero así comprendí) quiero hacer énfasis en lo siguiente que cuando trataban de ponerme esta clase de transfusiones no solo las rechazaba mi cuerpo sino que la hemoglobina no me subió en absoluto, narro esto probablemente repetitivamente para hacer énfasis en este punto y es porque nuestro buen Dios no quería que nada le quitara la gloria, los médicos no se explicaban este acontecimiento y había contradicciones entre ellos, con todo era día sábado los especialistas no asistan ese día pero debido al caso tan extraño para ellos y tan glorioso para mí, cuando llegó uno de ellos ordenó que me quitaran la transfusión ya que mi cuerpo no la necesitaba y ordenó más exámenes, no se explicaba que había pasado, aproveché para testificarle que yo creía y servía a un Dios vivo y que Él me había sanado en una forma milagrosa, los dos días siguientes yo completamente sana me dediqué a testificar del Señor Jesucristo, al Dios que yo conocía el cual era un Dios grande y poderoso.

¿Mi Dios es el mismo que reside en tu corazón? ¿Si no es así? ahora mismo en el lugar en que te encuentres puedes decir *"Señor Jesús dirige mi vida entra y vive en mi corazón, perdóname por las veces que te he rechazado"*. Te felicito si hiciste esta oración.

Estaba recluida en un área que la mayoría eran personas enfermas de cáncer con mucha necesidad espiritual, no solo ellas sino enfermeras y médicos tienen esa misma necesidad.

✦ Una mujer de fe

Yo a cada momento daba Gloria a Dios, con el personal de enfermería, médicos y pacientes que conocían a Jesús. El Señor quería hacer un milagro portentoso en ese lugar a raíz de esto, y a este punto quiero llegar: Se convirtieron entre 25 y 30 personas, entre enfermas terminales, enfermeras y médicos.

Quiero hacer hincapié que no sé si fue un sueño, si fue una visión o si estuve caminando con El Señor, pero lo cierto es que viví intensamente esas horas que para mí fueron minutos ante la presencia de mi Dios, para mi esposo, mis hijos y mi madre creo que no fue algo nuevo, acostumbrados a vivir milagro tras milagro, pienso que lo esperaban. En nuestro hogar desde que Cristo Jesús entró en él vivíamos en una gloriosa y cuarta dimensión, mis tres hijos se han consagrado y viven para servir con todas sus fuerzas y recursos y aún se desgastan así mismos con gozo en su servicio, porque desde niños se dieron cuenta que conocían a un Dios vivo, poderoso, maravillosamente bueno y misericordioso, me faltarían palabras y papel para expresar, describir y escribir este maravilloso acontecimiento (milagro) en nuestras vidas, pero todo esto lo hace la pasión movida por la fe *(Hebreos 11:1)*.

Es tan cierto que esto no es de nosotros sino todo es Don de Dios. A Dios siempre sea la gloria, el poder, y la magnificencia.

✦ Se diferente, se apasionada

La Pasión es una corriente de agua viva que recorre todo tu cuerpo, dándote en medio de la enfermedad, esperanza, visión, deseos de vivir, te empuja a recuperarte, a levantarte del lecho de enfermo, o de la situación que estás viviendo cualquiera que esta sea, familiar, económica, emocional, etc. El dolor, la angustia, la preocupación ocupa un segundo plano porque tu interés, tu motivo de vivir es servirle al Señor conforme al Don que te ha sido dado, porque la fe que lleva esa pasión a tu vida no es estática sino dinámica, te energiza para la obra, te da ideas, primero para salir del hoyo en que te encuentras y luego para seguir adelante, con una visión fresca de lo que vas a emprender o retomar lo que dejaste inconcluso. Déjate llevar por esa pasión que es como un río de aguas frescas, en donde nunca vuelves a ser la misma persona, sino siempre vas por algo mejor y diferente. La pasión te da más valor aún del que ya tienes y si consideras que tu vida no tiene ningún valor solo recuerda que vales la sangre de Cristo, que Dios te ha hecho coheredera con Él, que estás sentada en lugares celestiales. *Efesios 2:6, Isaías 62:3-4.*

Déjate envolver por el amor de Dios, llénate de ese amor que se convertirá en pasión que es acción y te sentirás la hija consentida que eres de Dios, con valor, con oportunidades, como la mujer bella que eres, una mujer intencional en Dios en buenas obras.

(Muchas gracias a mi hermosa madre por escribir tan impactantes líneas, llenas de poder, de autoridad y fe. El mejor ejemplo con el que pude crecer. El legado de pasión y amor por el evangelismo).

◆ **FE EN ACCIÓN**

Cada nueva generación debe ser evangelizada: Dios no tiene nietos.

PASOS DE 𝒫ASIÓN

Le pido a Dios, fuente de esperanza, que los llene completamente de alegría y paz, porque confían en Él. Entonces rebosarán de una esperanza segura mediante el poder del Espíritu Santo.

Romanos 15:13

---◆---

PASO #21
APASIONADAS PARA 𝒮ERVIR
(MAGGY DE GUILLÉN)

Todos, cada uno de nosotros fuimos creados para unirnos a Dios en una misión.

Dios no únicamente nos creó para la sobrevivencia y el trabajo vocacional, Él nos creó para servirle, para hacer algo que sea de beneficio para las demás personas, algo que nos apasione profundamente y que hagamos voluntariamente, sin que tengamos que recibir un pago o bien para realizarlo.

Nos preguntamos si el penoso trabajo diario de las ocho a las cinco, o nuestras tareas como padres las veinticuatro horas del día, es todo lo que hay en la vida.

Cuando en nuestra existencia empiezan a haber insatisfacciones y preguntas tales como; ¿habrá algo más? ¿cómo se sentirá vivir con verdadero propósito? y sentimos un llamado a algo más.

Cuando descubrimos que nuestros talentos, nuestro dinero, nuestro tiempo y sobre todo nuestra pasión pueden servir para algo más que nuestro propio bien, y nuestro trabajo secular diario, puede servir para cumplir la misión de Dios para nosotros.

Cuando por situaciones que nos pasan o suceden a nuestro alrededor comenzamos a sentir un deseo de cambiar el mundo, eso que nos hace estar insatisfechos con nuestra rutina diaria y descubrimos un deseo ferviente de cambiar, de mejorar y ayudar a otros. Ese deseo está plantado en el corazón de cada ser humano, y ese deseo viene directamente del corazón de Dios.

Porque somos hechura de Dios, creados en Cristo Jesús para buenas obras, las cuales Dios dispuso de antemano a fin de que las pongamos en práctica. *(Efesios 2:10)*

✦ Una pista por dónde empezar

Cada una de nosotras, ya sea que te encuentres de visita o pertenezcas a una iglesia local, tienes una opción por hacer.

Puedes estacionarte en un sito acostumbrado en el parqueadero de la iglesia, ubicarte cada domingo en un cómodo asiento, oír un buen sermón.

Esa opción es una grata y saludable experiencia del domingo. Y lo puedes hacer una rutina de meses o hasta de años. O puedes lanzarte a la aventura de unirte a un equipo de gente servicial con la misma idea, y ayudar a fortalecer la iglesia a la cual Dios te ha llamado a formar parte.

Quiero decirte que la mayoría de nosotras no encontramos un sitio perfecto para servir de la noche a la mañana. A muchas nos ha tocado servir fielmente por muchos años en situaciones menos que ideales, antes de descubrir para que éramos buenas.

Algunas no hemos tenido ni siquiera una pista respecto por dónde empezar, pero comenzamos de todos modos y experimentamos.

✦ Da el primer paso

Las personas que dejan que Dios los guíe a donde Él quiere que ellos sirvan, encuentran una increíble sensación de satisfacción y gozo personal.

¿Y qué de ti? ¿Cómo te encuentras? ¿Será hora de que salgas de tu cómodo asiento, salgas de las gradas, te prepares y salgas al campo de juego? Te garantizo que traerá mucha más emoción y pasión, inclusive en tus días grises, el hecho de ser participante, estar en la acción, trae muchísima alegría, a diferencia de ser un simple y cómodo espectador.

Por qué debes conformarte con observar a otros que cambian el mundo, cuando tú puedes unirte a ellos...

Debo de confesarte que me siento muy apasionada por este capítulo, hago pausas, y vienen recuerdos a mi mente de mi niñez, recuerdo como la vida de servicio ha sido parte fundamental de mi vida y principalmente de mi hogar, no quiero únicamente enamorarte por medio de esta lectura a que sirvas y seas parte de los ministerios de una iglesia local, no, para nada, quisiera mostrarte que una vida de servicio es gratificante, te llena de ilusión, de emoción, ver que con tu pequeña o grande contribución, puede cambiar este mundo, que está lleno de egoísmo, envidia y dejamos de interesarnos únicamente en lo que nos conviene.

Cuando hablamos de servicio, hay personas que abren tanto sus ojos, que parece se le van a salir las pupilas. Porque el mundo nos ha tergiversado los términos, y creemos que servir es ser sirvientes, que servir es hacer las cosas que otros deberían hacer y entonces ¿por qué deberíamos de hacerlo nosotros? o en otros casos que servir es hacer el trabajo sucio de las iglesias, de nuestro hogar o donde quiera que nos desenvolvamos.

+ **Servir debería ser parte de tu vida**

Me encanta escuchar a mi hija mayor Ale, a ella como ministro de alabanza, la he escuchado varias veces enseñar que adorar a Dios, no se logra únicamente estando arriba de una plataforma entonando cantos angelicales, ella dice que adoras a Dios, cuando te toca lavar los baños, cuando cocinas, cuando haces cada responsabilidad que se te ha designado, porque adorar a Dios es un estilo de vida es llevar una vida de continua adoración con todo lo que hacemos.

Les decía, que vi desde niña el servicio en mi hogar, mis padres siempre sirviendo en nuestra iglesia, luego nosotros como hijos, viendo el ejemplo de ellos, fuimos enseñados a amar a Dios con todo el corazón y, por ende, fuimos instruidos a servir.

En mi vida personal puedo confesarte que nada llena más

mi vida y mis emociones, que cuando puedo ser útil a alguien más, y verlos salir de un estado de amargura y ataduras a la libertad que ofrece Cristo. El servicio más grande se logra, cuando dejas de ocuparte únicamente en ti e inicias a ocuparte de los demás.

Debemos crear excelencia, el servicio genuino nace en el corazón, amar al prójimo como a uno mismo.

✦ Puedes cambiar el mundo

Una hermosa historia bíblica nos habla del servicio desinteresado, el que no espera nada a cambio. La encontramos en *Génesis 24:16-20*. Es la historia de Rebeca, una mujer buscada por el siervo de Abraham, para ser la privilegiada esposa de Isaac.

Rebeca era muy hermosa y tenía edad suficiente para estar casada, pero aún era virgen. Ella descendió hasta el manantial, llenó su cántaro y volvió a subir. Entonces el siervo corrió hasta alcanzarla y le dijo: —Por favor, deme de beber un poco de agua de su cántaro. —Sí, mi señor, beba —respondió ella. Enseguida bajó su cántaro del hombro y le dio de beber. Después de darle de beber, dijo: —También sacaré agua para sus camellos y les daré de beber hasta que se sacien. Así que, de inmediato, vació su cántaro en el bebedero y volvió corriendo al pozo a sacar agua para todos los camellos.

Si Rebeca nos diera un consejo hoy pienso que sería: *"Sirve generosamente sin esperar nada a cambio"*

Los cántaros que usaban en ese entonces les cabían aproximadamente cinco galones de agua. Ella tenía que subir y traer más agua por más o menos dos horas sin parar, pues para los camellos eran necesarios doscientos galones de agua y si sólo le cabían cinco en su cántaro, Significa que le tocó hacer cuarenta viajes para poder darles agua.

El espíritu de Rebeca era de servicio sin esperar nada a cambio. Seamos como Rebeca que sin pedir ningún "*título*" a cambio sirvió de todo corazón.

Ella sabía que lo que estaba ofreciendo iba a ser muy cansado y que le tomaría mucho tiempo; pero eso no fue suficiente para parar su corazón de servicio.

La Biblia está cargada de historias de actos de amor y bondad, que nos enseñan que servir es pensar más en los demás y menos en ti.

Te imaginas que el fin de esta historia fuera diferente, Rebeca hubiera perdido la misión de su vida, ser la madre de Jacob y las doce tribus de Israel, ser la madre del pueblo de Dios.

Una de mis grandes emociones como líder es observar a personas descubrir que Dios puede usar sus pequeños y casi siempre escondidos actos de amor y bondad para cambiar vidas, iglesias, comunidades y eventualmente el mundo.

La iglesia fue concebida para ser, primeramente, una organización de siervos voluntarios, cuando digo voluntarios me refiero a que nadie puede obligarte hacer nada de lo que tú no estés dispuesta a hacer. El poder de la iglesia radica en el poder de cada una de nosotras, al ofrecer nuestros dones para realizar el plan redentor de Dios.

"No podemos dejar de servir porque el espíritu del Siervo ha llenado nuestros corazones. Cuando servimos, estamos siendo lo que por naturaleza somos." Steve Sjogren

✦ Jesús

No podemos dejar sin mención a nuestro Señor Jesús: Él nos dio el más grande y claro ejemplo de servicio, todo lo que Él nos entregó por sus cortos años sobre la tierra fue una vida profunda de servicio.

Todas queremos estar arriba, queremos llegar a la cima: pero Jesús dijo que el camino hacia la cúspide en su Reino es llegar a ser un siervo fiel del Padre y un siervo humilde el uno del otro.

Si alguno quiere ser el primero, les dijo: debe ser el último, y el siervo de todos. Esto parece algo fuerte y hasta un poco exagerado, pero esas fueron las palabras de Jesús trayendo el Reino de Dios a esta tierra. La paradoja fundamental de la vida cristiana: Es que seguir a Jesús en radical servidumbre es la vía segura a una vida plena.

Claro ejemplo de la vida de servicio de Jesús la encontramos en *Juan 13.* El día en que Jesús y los discípulos comieron juntos sin que apareciera el que lavaba los pies. En aquella época cuando la gente solía caminar en sandalias por los polvorientos caminos y luego se reclinaba a comer en una mesa de poca altura, se acostumbraba que un sirviente en la puerta lavase los pies de los huéspedes. Pero no fue así, en esta invitación a comer, el siervo que lavaba los pies no apareció. Entonces entra Jesús con su mirada tierna, pero dispuesto a dejar una gran enseñanza no solamente a sus discípulos sino al resto de sus seguidores en el mundo y por los siglos.

Jesús se levanta de la mesa, camina hacia el depósito de agua y comienza a quitarse el manto exterior. Recoge la toalla se la cuelga del cinto, exactamente como tendría que haberlo hecho el sirviente. Entonces vierte el agua en el recipiente.

Jesús empieza a lavar los pies del primer discípulo, da la vuelta a la mesa, Pedro se resiste por un momento. Pero Jesús sabe muy bien cómo poner a Pedro en su lugar. Cuando termina su tarea, dobla la toalla y se la pone sobre el hombro. Se vuelve a poner el manto regresa a la mesa, se reclina y les dice:

¿Entienden lo que he hecho con ustedes? Ustedes me llaman Maestro y Señor, y dicen bien, porque lo soy. Pues si yo, el Señor y el Maestro, les he lavado los pies, también ustedes deben lavarse los pies unos a otros. Les he puesto el ejemplo, para que hagan lo mismo que yo he hecho con ustedes. Ciertamente les aseguro que ningún siervo es más que su amo, y ningún mensajero es más que el que lo envió. ¿Entienden esto? Dichosos serán si lo ponen en práctica. Nadie puede reclamar superioridad sobre otro ser humano.

Si construyes una vida de servicio nunca serás menos, al contrario, el servicio te hará grande, para vivir vidas plenas debemos quitar esos paradigmas que la cultura nos ha puesto, Jesús nos enseñó a nunca tirar la toalla.

Para mí, el efecto más poderoso de servir, independientemente de la capacidad en la que sirvo, es que me ayuda a no perder el enfoque de mi corazón hacia otros. Jesús fue la persona que más se enfocó en otros.

Una de las más hermosas compensaciones en esta vida es que ningún hombre puede tratar de ayudar a otro sin ayudarse a sí mismo.
Ralph Waldo Emerson.

Dios que creó nuestro cuerpo, nuestra mente y nuestro espíritu nos llama a un modo de vida que nos fortalece el cuerpo, nos aclara la mente y nos consuela el espíritu. Dios nos creó para una vida de servicio, una vida llena de recompensas.

No hay mayor emoción que hacer la obra de Dios en comunidad. Ayudarnos unos a otros, y experimentar juntos, en comunidad el hermoso arte de servir.

No nos cansemos de hacer el bien, porque a su debido tiempo cosecharemos si no nos damos por vencidos. Por lo tanto, siempre que tengamos la oportunidad, hagamos bien a todos. *Gálatas 6:9-10*

✦ Beneficios de vida

El ayudar a otros ofrece a largo plazo beneficios para la salud, inclusive alivio para el dolor de espalda y de cabeza, reducción de la presión sanguínea y del colesterol, freno para el excesivo comer, el abuso de medicamentos y droga.

Han descubierto una explicación científica para el hecho de servir, la decisión de ayudar a otros activa una zona del cerebro rica en dopamina, el agente químico que produce la placentera sensación que ciertas drogas y otras prácticas adictivas activan.

Cuando una persona dice que sirve a otros eso nos hace sentir bien, su declaración puede tener una base más científica de lo que se cree.

He escuchado a mi cuñada Maggy decir unas palabras que me impactan y sobre todo me inspiran a seguir sirviendo: Dijo que, en su experiencia, el servir a Dios, es lo que le da vida, aliento cada mañana para continuar viviendo, considera que si no fuera por las tantas horas y días que le ha dedicado a servir lo que Dios ama, no está segura si aún se encontrara de pie, ha sido la medicina y salud, para su cuerpo frágil.

Por: Maggy de Guillén.
Quiero compartir contigo un poco de mi historia, esas cosas que me han tocado vivir, esas cosas que todas las mujeres pensamos que solo a nosotras nos pasan y cuando escuchamos a alguien más abrir su corazón, nos percatamos que no somos las únicas. Ese es en realidad el motivo que me hace sentarme y abrir mi corazón frente al computador y poder plasmar en unas líneas mi historia, que espero pueda bendecirte. Quiero hablarte con mi corazón en la mano, abierto, sin máscaras y sin una imagen que guardar. Tengo hoy la firme convicción que siempre, hay un propósito en todas las cosas que nos pasan, por más difíciles que parezcan. He logrado, tratando de ser sensible a la voz de Dios, poco a poco, ir encontrado y comprendiendo ese propósito, y así hacer real la promesa que Dios me regaló, que dice: "*Porque tu vivirás y no morirás para contar las grandezas de Jehová*" y creo que

hoy al escribir estas líneas se está cumpliendo uno de esos propósitos eternos y perfectos de Dios.

Parte de mi testimonio es poder compartir contigo, lo que el amor y la pasión por servir a Dios han hecho en mi vida, pero no puedo contarte mi pasión, sin antes contarte, la razón que me ha hecho tener este corazón apasionado.

Estoy convencida que cuando alguien por lo menos una vez en su vida, ha sentido que no va a vivir, que ha sentido que la vida se le va de las manos, su perspectiva completa de la vida cambia, sus prioridades se ordenan de forma distinta, sus sentimientos son transformados y sus sueños se convierten en cosas simples de la vida diaria, y eso fue, exactamente lo que a mí me sucedió.

✦ **Con tan solo veinte años**

En el año 1993 fui diagnosticada con diabetes tipo 1, apenas tenía 20 años y estaba empezando mi vida matrimonial. Fue un golpe demasiado fuerte, creo que me dejó sin aliento por varios meses. Al no recibir en ese momento el tratamiento adecuado, pasé un año viendo y sintiendo como la enfermedad consumía mi vida, mi cuerpo y mis fuerzas. Perdí más de 40 libras, y en vez de mejorar, cada día me sentía más deteriorada. Solo había, en ese momento un pensamiento que me golpeaba día y noche: *"Esta enfermedad me va a matar."* Era lo que mis ojos naturales veían, era lo que mi cuerpo sentía. Quería tener fe, pero era tan difícil. Por más que yo oraba, buscaba de Dios, hacia todo lo que el médico decía, tomaba mis medicamentos, lo único que sentía, era que, no solo mi vida se consumía, sino mis ilusiones, y así también mis sueños. Buscaba a Dios con todas mis fuerzas, no encontraba el propósito en ningún lado, ni encontraba las respuestas a mis preguntas. Pero en medio de todo ese dolor y ese temor, empecé a conocer a mi Dios de una forma diferente, con una dependencia total, donde solo Él sostenía mi corazón.

✦ El milagro sucedió

Clamaba por un milagro, esperaba un milagro, pero el milagro no llegó de la forma que yo esperaba. La respuesta de Dios sí se hizo palpable, el milagro si llegó, el milagro si sucedió, cuando en medio de mis circunstancias, las cuales no habían cambiado, me pude levantar, pude alzar mis ojos, pude extender mis manos para abrazar el futuro, pude de nuevo, tener una esperanza de vida. Una esperanza que recibí por medio de la misma voz de Dios diciéndome casi con palabras audibles: *"Eres como un árbol plantado a la orilla de un río, yo soy tu río, y si tus raíces permanecen en mí, vas a vivir, no vas a morir, y además tengo planes para ti".*

Pasó un año más o menos cuando empecé a ver la luz, el bálsamo del Espíritu de Dios empezó a sanar mi corazón de todo aquel temor, y la recuperación física también comenzó. Las promesas de Dios se volvieron más poderosas que mis circunstancias, más fuertes que mis temores, y creyéndolas con toda mi pasión, los cambios dentro de mí empezaron a florecer.

Luego de todo ese proceso de recuperación, y de sentir que volvía a vivir, de sentir que Dios me daba una segunda oportunidad, nació en mi corazón el deseo profundo de poder servirle aún más. Si Dios me había dejado la vida, era para vivir para Él, era para amarlo, era para hacer algo en su obra, era para hacer algo por mi prójimo. He servido a Dios casi toda mi vida, pero después de todo esto que te he contado, mi servicio tuvo un sentido diferente.

✦ La gratitud de estar viva

La gratitud es el ingrediente para un servicio apasionado, la gratitud a Dios por la vida, la gratitud de tener una segunda oportunidad, la gratitud de tener las fuerzas para levantarme de la cama, la gratitud de estar viva. Reconozco que Dios ha sido mi fortaleza, yo en mis propias fuerzas no me hubiese levantado jamás.

Te preguntas, si alguna vez siento que me faltan las fuerzas. Claro que sí, muchas veces, muchos días no las tengo. Pero allí, Dios es mi fuerza y mi vigor. Y en medio de esos días difíciles, me levanto, me lleno de fe, y le digo al Señor: *"No dejaré de servirte mientras viva, solo te pido me des salud para hacerlo"*. Y es maravilloso sentir como su fuerza me llena, y la dependencia de mi corazón a sus promesas, se hace visible, y me hace recordar de donde Él me sacó.

El servicio da vigor a mis huesos, me llena de alegría, de satisfacción y me motiva a formularme esta pregunta: ¿Habrá alguna cosa que pueda llenar más mi corazón, que poder servirte? y mi respuesta siempre es la misma, nada es más gratificante.

✦ Promesas cumplidas

Quiero compartir contigo otra promesa hermosa que es un rema para mí, es *Éxodo 23:25* que dice: *"Mas a Jehová vuestro Dios serviréis, y Él bendecirá tu pan y tus aguas; y yo quitaré toda enfermedad de en medio de ti."* No he servido a Dios esperando las recompensas, pero luego de más de tres décadas, puedo decir que ciertamente he visto esta promesa cumplida.

Estoy segura de que el servicio, ha desatado sobre mi vida, la salud, me ha dado libertad, me ha librado de la amargura, me ha resguardado de la autocompasión. Estoy agradecida con Dios por los procesos que ha permitido, por el camino que me ha ayudado a recorrer, porque primero que nada me han acercado más a Él, y además porque me hacen valorar en gran manera el poder servirle en aquellas cosas a las que Él me ha llamado. ¡Amén!!

✦ Se parte de la diferencia

No crees que en este mundo tan necesitado como el nuestro, una persona no pueda hacer una diferencia. Por el contrario, cada día tenemos la oportunidad de crear un mundo más en consonancia con los valores que atesoramos.

Cada una de nosotras cobra valor, nunca permitas que te convenzan de que tú no tienes poder. Tú y yo juntas tenemos el poder de cambiar el mundo.

Si tú tienes una vida fiel, constante y humilde de servicio, ya sea en tu iglesia, en tu vida personal o tu comunidad, Quiero darte gracias por hacerte presente y marcar esa diferencia que el mundo tanto necesita. Tus talentos son importantes, tus dones son importantes, tu pasión es súper importante. Cada trabajo de servicio es importante, cada acción llena de amor y bondad son importantes.

Tu labor, sin importar la dimensión que tenga a tus ojos, sea grande o muy pequeña, para Dios es enorme y la toma en cuenta. Tu labor no es en vano, así que sigue adelante, porque aún hay mucho por hacer.

◆ **FE EN ACCIÓN**

"La iglesia local es la esperanza del mundo."
(Bill Hybels)

PASOS DE AMOR

PASOS DE *A*MOR

Si tuviera el don de profecía y entendiera todos los planes secretos de Dios y contara con todo el conocimiento, y si tuviera una fe que me hiciera capaz de mover montañas, pero no amara a otros, yo no sería nada.

(1 corintios 13:2)

━━━━━◆━━━━━

PASO #22
MISIONEROS EN ESTE *M*UNDO
POR: MISHELLE ARANA

TODOS somos misioneros en este mundo. ¿Podrás preguntarte como puede ser eso? ¿SI todos tenemos diferente llamado en Dios? Si, Dios nos da diferentes llamados sin embargo todos como sus hijos tenemos un mismo propósito de amar a Dios y amar a nuestro prójimo. El mismo propósito de no vivir para nosotros mismos, sino para Dios. Puede verse de diferente forma para cada persona, pero el propósito es el mismo y debe de cambiar la forma en que pensamos y en la forma en que vivimos.

"En cambio, nosotros somos ciudadanos del cielo, donde vive el Señor Jesucristo; y esperamos con mucho anhelo que el regrese como nuestro Salvador." Filipenses 3:20

✦ Cambia tu mentalidad y Cambiara tu vida

Desde que yo era muy pequeña el enemigo ha tratado de invadir mi mente con muchos pensamientos negativos que me llevaron a tener mucha ansiedad y temor. Primero a los 7 años cuando mi familia se mudó por primera vez a Estados Unidos, luego a los 10 años cuando nos volvimos a mudar, esta vez al estado de Texas. De allí nuevamente a los 15 años cuando regresamos a vivir a Guatemala por unos años, sentía que el cambio en mi vida nunca terminaba. La incertidumbre y el sentir que vez tras vez tenía que separarme de lo que más amaba me llevo a sentirme sola, a sentirme frustrada, y con mucha ansiedad. Nunca deje de ir a la iglesia, pero en mi corazón me sentía lejos de Dios por mi frustración. Cuando te sientes lejos de Dios, nunca es porque Dios se ha movido, siempre es porque nosotros nos hemos alejado. Dios siempre está listo para llenarnos y guiarnos.

El enemigo quiere hacerte sentí que el mal en tu vida lo está causando Dios, y con ese pensamiento el enemigo puede invadir tu mente con un millón de otras mentiras como *"es que esta es mi consecuencia, Dios no me ama, Dios está enojado conmigo, Dios se olvidó de mí, yo no le importo a Dios... etc."* La mentira más grande del enemigo es hacernos pensar que Dios no cuida de nosotros o no nos ama porque no tenemos lo que queremos o no entendemos el mal en nuestra vida. Yo he estado allí, con esa mentalidad y es exactamente la mentalidad que el enemigo quiere que tengamos para mantenernos alejados de Dios.

> *"El propósito del ladrón es robar y matar y destruir; mi propósito es darles una vida plena y abundante."*
> *Juan 10:10*

El enemigo hace todo lo posible por separarte de Dios porque sabe que en Dios tienes propósito y en Dios tienes un plan y un futuro lleno de esperanza sin importar las dificultades en este mundo.

Te pregunto, ¿qué voz estas escuchando? ¿La de Dios o la del enemigo?

En vez de envolverte en negatividad y pensamientos que te desaniman voltea tu mirada a Jesús. Debes abrir la palabra de Dios y declarar cada promesa de Dios sobre tu vida. Aun cuando no sientas el ánimo para hacerlo, hazlo. No dejes que el enemigo invada tu mente.

"Así que humíllense delante de Dios. Resistan al diablo, y el huira de ustedes. Acérquense a Dios, y Dios se acercará a ustedes."
Santiago 4:7

Recuerdas la primera vez que recibiste el amor de Dios, ese amor incondicional y recuerdas cada promesa de Dios hacia tu vida. Es tiempo de que te levantes, que confíes en Dios, que vivas para El. De ahora en adelante decide que dejaras que Dios renueve tus pensamientos diariamente y no dejaras que el enemigo llene tu mente de mentiras.

✦ El primer lugar en nuestros corazones

A los 18 años llego mi momento, en donde realmente me rendí por completo al amor de Dios y a su verdad. Tantos años tratando de entender porque pasaban ciertas cosas en mi vida y tratando de vivir para mí misma me llevaron a quedarme sin nada y devastada. Fue allí en donde lo perdí todo, pero también en donde encontré TODO lo que necesitaba, el amor de Jesús. Allí en sus brazos de perdón, de amor incondicional, encontré mi propósito. Es allí en donde te espera tu propósito.

En ese proceso esto es lo que aprendí:

Muchas veces sin darnos cuenta dejamos que personas o cosas tomen el primer lugar en nuestros corazones, en mi caso había permitido que mis papas y mi iglesia en Texas tomaran el lugar más alto en mi corazón. Jesús dijo en *Mateo 22:37 "Amarás al Señor tu Dios con todo tu corazón, y con toda tu alma, y con toda tu mente. Este es el primero y grande mandamiento. Y el segundo es semejante: Amarás a tu prójimo como a ti mismo."* Si, Dios nos manda a que amemos a nuestro prójimo, pero primero nos dice "Ama al Señor tu Dios con todo tu corazón." La forma de probar que tenemos a Dios reinando en nuestro corazón es haciéndote esta pregunta: Si Dios te pidiera en este momento que dejes todo lo que tienes, cosas materiales y personas a las que amas, ¿Lo dejarías todo y seguirías a Dios de todo corazón? Recuerda, al final de esta vida lo único que importará es tu relación con Dios; si no tenemos relación con Dios, no tenemos nada.

✦ **El amor de Dios es suficiente**

Aprendí a depender completamente en el amor de Dios. Dios me enseñó como por tantos años no dejaba que el amor de Dios fuera suficiente para mi vida. Porque cuando el amor de Dios es suficiente para nosotros, no esperamos la aceptación y el amor de la gente para sentirnos bien. La gente, tus amistades, las personas que tú tanto amas, te van a fallar. La realidad es que como humanos no hay ni uno que sea perfecto y así como nosotros fallamos a nuestros seres queridos, de la misma forma ellos nos fallan. Por esa razón Dios nos recuerda vez tras vez en su Palabra que todo el amor que necesitamos está en Él, que lo amemos a Él antes que cualquier cosa o persona.

Cuando estamos llenos del amor de Dios y dependemos únicamente de su amor, es entonces cuando ya podemos amar correctamente a los demás. Porque ya no lo haces para recibir algo a cambio, ya no lo haces porque sientes que necesitas aceptación, lo haces porque Dios te pide que ames a tu prójimo. Empiezas a amar a los que te hieren, a tus enemigos, a gente que conoces por primera vez, empiezas amar a todos los que Dios pone en tu camino; para mostrarles su incomparable amor.

Al mudarme a Guatemala yo empecé a buscar amor y aceptación de la gente porque me sentía sola y descuidé mi dependencia en Dios. Llegué al punto que Dios me dijo, debes elegir en este momento *"¿Quieres hacer las cosas a tu manera, seguir con amistades y en la relación en la que estás que te desviarán de lo que yo tengo preparado para ti, o vas a depender de mi amor y vas a seguir mi voluntad?"* No podría imaginar mi vida sabiendo que le estoy desobedeciendo y que me estoy apartando de su voluntad, de la vida que Él ya preparó para mí. Tomé la decisión de dejar TODO lo que estaba interrumpiendo mi relación con Dios. ¿Es difícil? Sí, y muchas veces extremadamente difícil, pero no se puede comparar a la recompensa que nos da Dios al obedecerle. No hay mayor satisfacción que saber que estamos viviendo una vida en obediencia y en su voluntad. No sé tú, pero no me quiero perder nada de lo que Dios ha preparado para mi vida, y para alcanzar eso debemos dejar absolutamente todo lo que nos puede estar apartando de Él y depender únicamente de Dios. Cuando uno ama, obedece. Cuando uno ama quiere agradar a esa persona no importando lo que cueste. ¿Es Dios el primer lugar en tu vida? ¿Será que dependes de su amor? ¿A quién intentas agradar? ¿Será que, en todas tus decisiones, la meta es agradar a Dios?

Entonces quiere decir que lo que Él dice, tú haces. Cuando lo amas primeramente a Él, entonces disfrutas obedecerle.

Dios nos eligió y nos puso en este mundo, pero no para ser como el mundo o sentirnos como que si este es nuestro hogar. Estamos en esta tierra, cada hijo de Dios, con una misión: Amar a Dios, amar a nuestro prójimo, y predicar las buenas nuevas en todo el mundo y no para acomodarnos. Así que tú y yo, somos misioneros en esta tierra.

En un momento en mi vida donde me sentía cansada del mundo, Dios me trajo esto a memoria, y me recordó "Tu mi hija naciste con propósito, no para ser parte de este mundo sino para representarme a mí.

El éxito del mundo no es tu éxito, las opiniones de la gente no te identifican, el amor de la gente no te da valor, lo que el mundo ama, tú ya no amas.

Si eres mía entonces mis sueños son tus sueños, lo que yo digo sobre ti es tu identidad, tu valor solamente viene de mí, mi amor es suficiente para ti, haces lo que yo te indico y no lo que el mundo pide de ti. Y eso es lo que Dios te dice hoy a ti.

Él puso sueños en mí para amar al mundo
◆

Ahora puedo decir que después esos años que El utilizó para refinar mi corazón y sacar a luz lo que debía cambiar en mi vida, he obedecido a su voz y he podido experimentar a Dios como nunca.

El versículo que se ha convertido lema en mi corazón es
Isaías 41:10 "No temas, porque yo estoy contigo; no desmayes porque

yo soy tu Dios que te esfuerzo; siempre te ayudaré, siempre te sustentaré con la diestra de mi justicia."

¿Por qué tener miedo? Si nuestro padre es el dueño de todo y Él dice que siempre nos ayuda y siempre nos sustentará.

Haz de Dios tu mejor amigo y tendrás todo lo que necesitas. Su amor es el que te dará sueños y pasión para cumplir su propósito en ti. No estamos en esta vida para vivir cómodos y sin problemas, estamos aquí para llevar el amor de Dios a todos los que están a nuestro alrededor.

Tú y yo somos misioneros en este mundo, deja que Dios renueve tu mente, haz de Dios el primer lugar en tu corazón y deja que el amor de Dios sea suficiente para ti. Te darás cuenta de que cuando paras de vivir solo para ti mismo y enfocándote solo en tus problemas es allí donde empezaras a vivir la vida con propósito. Vivir para Dios es la mejor decisión que harás en tu vida. ¡Empieza a caminar en el propósito de Dios para tu vida hoy!

(Mishelle es mi hija menor, para esta época ella ha sido por más de cinco años una de las pastoras de nuestra iglesia en Houston, su vida modela la vida de los jóvenes de su generación, una vida de amor, compromiso y pasión por servir a las personas, su iglesia y amar lo que Dios ama).

FE EN ACCIÓN

Necesitamos dejar de intentar ser lo que los demás quieren que seamos y dejar de preocuparnos por lo que piensen los demás.

PASOS DE cAMOR

Nosotros sabemos cuánto nos ama Dios y hemos puesto nuestra
confianza en su amor.

1 Juan 4:16

PASO #23
AMOR cEXTRAVAGANTE

En una cálida mañana, Mishelle nos hizo un comentario
muy certero...

Hablábamos, sobre la situación que vivimos en este
momento, no únicamente los que vivimos en Estados
Unidos, sino en el mundo entero, la violencia, las guerras,
la aprobación de nuevas leyes, que van en contra de
nuestros valores y principios bíblicos, y ella nos decía,
que toda iglesia y persona, siempre inicia hablando de
Juan 3:16 para presentar el evangelio y sobre todo el amor
de Dios, pero como nos encontrábamos en un mundo
tan cambiante y disfuncional, con los principios eternos
y universales distorsionados, deberíamos iniciar nuestro
mensaje eterno, hablando sobre Génesis capítulo Uno,
el mundo ha olvidado, - nos decía ella- el primer capítulo
de la Biblia, en donde se nos enseña sobre el universo, la
creación, y que todo inicia con Dios, para Él y por Él.

✦ Bueno en extremo

En el principio, Dios creo los cielos y la tierra. La tierra no tenía forma y se encontraba vacía, y la oscuridad cubría las profundas aguas. Fue entonces cuando Dios dijo que haya luz; y hubo luz. Luego separó la luz de la oscuridad, llamando a la luz día y a la oscuridad noche. Luego separó las aguas de la tierra, y creó el espacio al cual llamó cielo. Después dijo: que de la tierra brote vegetación; toda clase de plantas con semillas y árboles que den fruto.

Vio que todo esto era bueno. Luego dijo Dios: que aparezcan luces en el cielo, para separar el día de la noche; la luz más grande estuvo para marcar el día y la más pequeña para señalar la noche.

Luego, creó grandes criaturas marinas, y todo ser viviente que se mueve en el agua y aves de todo tipo, cada uno produciendo crías de la misma especie. Dios vio que todo esto era bueno, también hizo toda clase de animales salvajes, animales domésticos y animales pequeños.

Entonces Dios dijo: hagamos a los seres humanos a nuestra imagen, para que sean como nosotros. Así que creó a los seres humanos a su propia imagen. A imagen de Dios los creó. HOMBRE y MUJER los creó.

Entonces dijo: ¡Miren! Les he dado toda planta con semilla y todos los árboles frutales para que les sirvan de alimento, también planta verde para todos los animales; alimento para todo aquel que tiene vida. Y miró todo lo que había hecho,
¡Y vio que era muy bueno, era bueno en extremo!
(Génesis 1 NTV)

Dios dijo: "*Hagamos*" Él habló en plural, porque tenemos un Dios trino, Dios Padre, Dios Hijo, Dios Espíritu Santo. Es un Dios tan grande, tan poderoso, que sobre todo amó su creación, con un amor extravagante, nos amó tanto, que nos dio libertad, libertad de decisión, libertad para decidir entre lo bueno y lo malo, y fue aquí en donde su hermosa creación falló. Donde nos hemos olvidado de Él, donde creemos que hemos alcanzado el poder, donde creemos que no necesitamos a Dios, hemos distorsionado todo lo que Él ha hecho y para lo cual Él lo formó. Somos inclinados a hacer lo malo. Pero sobre todo esto Él nos continuó amando de una forma inigualable y sobre todo eterna.

Desde el principio, el hombre, su creación, lo que amó con amor extravagante, LE FALLÓ.

Y *Juan 3:16-17* el corazón de la Biblia, el versículo que nos habla del grande y extendido amor de Dios para la humanidad, es la brecha abierta entre Dios y los hombres. Pues Dios amó tanto al mundo que dio a su único Hijo, para que todo el que crea en Él no se pierda, sino que tenga vida eterna. Dios no envió a su Hijo al mundo para condenar al mundo, sino para salvarlo por medio de Él. *(NTV)*

✦ Un amor eterno

Hay tantos milagros que suceden a nuestro alrededor, milagros de vida que estamos tan acostumbrados a ellos y que rara vez nos damos cuenta de que existen. Son milagros en los que podríamos descubrir en cada latido de nuestro corazón o en cada respirar, este amor sobrenatural que quiero mostrarte, este amor "*extravagante*" al que estamos expuestas cada día de nuestra vida. Quizás el día de hoy te sientes sola, y sí entiendo que estés sola, sin familia, sin amigos, quizá sin bienes económicos y peor aún podrías estar careciendo de salud, podrías como te dije en el inicio de este libro, encontrarte en el peor momento, en el peor día de tu vida. Si ese fuera el caso, a pesar del dolor, de la frustración y del fracaso, déjame decirte algo, ponme mucha atención, tienes el amor eterno, extraordinario e incondicional, que Dios te ha dado exclusivamente a ti, y de ese amor debes agarrarte, debes abrazarlo, poner de tu parte y salir adelante.

Hazme oír cada mañana acerca de tu amor inagotable, porque en ti confío. Muéstrame por donde debo andar, porque a ti me entrego.
(Salmo 143: 8)

✦ Milagros

Hay tantos milagros cotidianos que pasan a nuestro alrededor y que no los vemos, porque nos hemos acostumbrado tanto a ellos; podríamos recordar el viejo adagio que dice: *"La belleza está en los ojos de quien la mira"*. Así sucede con todas las cosas, pero en especial sucede con los milagros. Todo el tiempo están sucediendo milagros alrededor de nosotros, pero no los verás si no sabes cómo detectarlos.

En el siglo uno, los fariseos estaban tan concentrados en la ley del sábado, que no podían ver los milagros que sucedían frente a sus ojos. Jesús sanó a un inválido que no había caminado en treinta y ocho años, le dio la vista a un hombre que había nacido ciego y sanó el brazo paralizado de un hombre. Pero los fariseos se perdieron los milagros y perdieron la oportunidad de ver al Mesías porque los cegaban su legalismo. No podían ver más allá de sus suposiciones religiosas.

Una de las pruebas más reales de la madurez espiritual es ver lo milagroso en lo monótono. Mark Baterson (El ladrón de tumbas)

He escuchado a personas decir, que jamás han vivido o visto un milagro. Nada más lejos de la verdad, no es así. Porque no es que estemos rodeados de milagros, nosotras mismas somos un milagro de vida.

El *Salmo 139:13-14* dice: *Tú creaste mis entrañas; me formaste en el vientre de mi madre. ¡Te alabo porque soy una creación admirable! ¡Tus obras son maravillosas, y esto lo sé muy bien!*

A cada momento del día experimentamos lo milagroso. Todo el tiempo están sucediendo milagros alrededor de nosotros. Pero el más grande, sobrenatural y sublime es el que ves frente al espejo. Porque jamás hubo ni jamás habrá alguien como tú. Eso no es un testimonio de ti. Es un testimonio de Dios que te creó.

✦ El refugio

Quiero invitarte, que hagas un alto, un hasta aquí, y quites el mal humor y la desesperanza de tu vida, que comprendas que, al suceder milagros a tu alrededor, al comprender que tú eres un milagro, y logres descubrir el sobrenatural amor de Dios, esto te hará sentir importante, que tu vida tiene valor, que su amor está contigo, presente todo el tiempo, no te desanimes. Siente en este momento el amor de Dios, si quieres llorar, si quieres expresarle tus frustraciones, si quieres gritarle el porqué de tu soledad, hazlo y puedes invitarle a que te acompañe en tu caminar, estoy segura que en este preciso momento encontrarás el refugio más grande, la esperanza más reveladora para tu vida y corazón.

Confía en Él, en las cosas muy pequeñas como en las grandes cosas de tu vida. Podrías estar necesitando milagros, como ser sana de una enfermedad incurable, que una puerta de oportunidades se abra, alguna beca de estudio, encontrar el amor de tu vida, ayudarte a saldar una deuda que parece imposible de pagar, sanar nuestra relación rota con nuestros hijos o cónyuge, restablecer relaciones familiares atrofiadas. Comparado con la creación, con poner todo en orden en el universo, con separar la luz de la oscuridad, con la misma creación del hombre, déjame decirte, que no hay imposible para Dios. En comparación con mantener los planetas en órbita, qué podrías necesitar que Dios nos pueda hacer. ¿Qué tan grande es tu mayor sueño? ¿Qué tan malo es tu mayor problema? ¿Cuán difícil es tu desafío más importante?

Confía y cree que tienes un Dios que cumple sus promesas, un Dios que puede cambiar tus problemas en bendición, mira a tu alrededor y piensa que estás destinada para la eternidad, que tu paso por esta tierra es muy corto, es efímero y que lo que verdaderamente importa, es en dónde pasarás la eternidad.

✦ Él no va a amarte menos mañana

La mejor noticia para el mundo no únicamente es que tenemos un Dios que existe, que es, sino un Dios que creó y planificó todo porque nos ama. Nunca vas a hacer algo tan malo, que cause que Dios deje de amarte. Tus acciones no tienen un impacto en cuanto a definir el amor de Dios,

Él no va a amarte menos mañana, Él te ama, está de tu lado y su amor no cambia con las circunstancias.

Tenemos nuestra identidad basada en el carácter de Dios. Algo sobrenatural y el milagro es que cuando nosotros le hablamos Él escucha. ¡Esto es maravilloso!

Si el poder de la oración depende de cómo lo decimos; ¿Estamos en problemas? Jesús es la respuesta. La oración no es tanto pedirle a Dios lo que yo quiero, sino invitarlo a que Él haga lo que es correcto.

¡El fiel amor del Señor nunca se acaba!
Sus misericordias jamás terminan.
Grande es su fidelidad;
Sus misericordias son nuevas cada mañana.
"El Señor es mi herencia, por lo tanto, ¡Esperaré en Él! El Señor es
bueno con los que dependen de Él,
con aquellos que lo buscan.
Lamentaciones 3:22-25

✦ FE EN ACCIÓN

Encontremos el corazón de Dios en nuestra vida cotidiana.

PASOS DE AMOR

Por lo tanto, siempre que tengamos la oportunidad, hagamos el bien a todos, en especial a los de la familia de la fe.

(Gálatas 6:10)

PASO #24
VIVIR EN FAMILIA

Una de estas tardes platicando con una amiga, ya saben, de esas charlas interesantes y profundas que solemos hacer las chicas.

Ella me decía lo difícil que es ser genuina y auténtica hasta dentro del hogar. Trataba de explicarme como tanto sus hijos, su esposo e inclusive sus padres quieren lo mejor de ella; tengo siempre que ser la madre perfecta, estar de buen humor, ser serena, tener todo en orden.

La mayoría de las madres se preguntan ¿por qué me salió mal mi hijo? ¿por qué está tan rebelde? y ¿por qué hace, esto y aquello? y la respuesta es: los padres son responsables y los hijos son el reflejo de lo que pasa dentro del hogar, y estas palabras nos lástima, porque, aunque como madres tratamos de hacer lo mejor posible, sinceramente – me decía mi amiga – no podemos ser nosotras mismas porque lo echaríamos todo a perder.

A lo que sonreí y le dije: sabes que, creo que tienes razón. No lo había pensado desde esa perspectiva, pero déjame decirte algo. El momento más hermoso y relajante que cada ser humano deberíamos tener, es cuando pasamos por la puerta de entrada de nuestro hogar y la cerramos por el lado de adentro. Si no puedes ser genuina y auténtica, dentro de tu casa, estás en serios problemas y tú y yo necesitamos más tiempo que una tacita de café.

Me sirve perfectamente este ejemplo para podernos introducir y abordar de manera corta el regalo más grande que Dios nos ha dejado a cada ser humano sobre la tierra. Que fue que viviéramos en comunión, Él instituyó el organismo más importante establecido sobre la sociedad, nunca fue para hacernos daño, fue única y exclusivamente para vivir en comunión, en amor, en amistad los unos con los otros. Ese fue el motivo del invento más creativo e impresionante de Dios. El que cada una de nosotras disfrutáramos una vida en familia.

Quizá la sociedad, el mundo, ha tergiversado este concepto como lo ha hecho con otras muchas cosas, pero tu familia es el regalo más grande e impresionante que tú puedes poseer.

Lo mejor que puedes hacer es aprovecharla, disfrutarla, dar lo mejor de ti, pero con honestidad, genuinidad, ser tu misma y, sobre todo, es el mejor lugar para dar y recibir amor.

El libro de Génesis, capítulo uno, nos dice que Dios creó al hombre y a la mujer, la magistral obra de arte que Dios formó. En primera instancia creó a Adán, vio que se encontraba muy solo, aunque tenía mucho trabajo, Dios vio la necesidad de tenerle una ayuda especial, única y muy hermosa.

Los padres somos los representantes de Dios en nuestro hogar

Una buena familia comienza con un buen ejemplo de los padres. Nuestros hijos, son una de nuestras más grandes responsabilidades, porque nuestros hijos quizás no les ponen mucha atención a nuestras palabras, pero sí a nuestros actos, es muy difícil que trates de criar hijos en amor y siguiendo a Jesús, si solo lo enseñas por medio de tus palabras y no de tus hechos. Según estadísticas, nuestros hijos aprenden de un 25 a 30% de nuestras palabras y de un 70 a 75% de nuestras acciones. Tus acciones gritan tan fuerte que no se pueden escuchar tus palabras.

Debemos vivir dentro del hogar vidas íntegras, que honren a Dios, y si tus hijos crecen bajo esos parámetros, estoy segura de que podrás tener la tranquilidad de que estás haciendo un muy buen trabajo.

Tantos casos tan sencillos, de madres que les dicen a sus hijos, no mientan, no roben, no digan malas palabras, etc. Y cuando en el diario vivir son expuestas a pequeñas situaciones, les enseñan lo contrario a sus pequeños hijos; como una llamada telefónica, y que le digas a tu hijo adolescente dile que no estoy, en un ratito la llamo, la verdad que ya le dijiste con esas pocas palabras: soy una mentirosa, yo sí puedo mentir, pero tú no. O los casos simples, que vas al supermercado y vas por el camino, comiendo las uvas, o tomas alguna golosina, y tus hijos te ven, les estás diciendo, estoy robando, no he pagado la fruta, pero en el supermercado está bien robar. Aquellas pequeñas acciones, que hablan más que mil palabras, cuando estás cocinando y te majas un dedo, o te quemas en la hornilla, y sale de tu boca una de aquellas infernales palabras, el niño te ve, tú medio sonríes y le dices con la mirada que sí hay ocasiones permitidas para decir una que otra grosería.

Esas son las pequeñas grandes cosas que hacen la diferencia en la vida de nuestros hijos. Cuando tú eres una mujer íntegra que amas a Dios, y que quieres criar hijos que amen a Dios, tienes que reconocer tu asignación importante, que los hijos te ven como la imagen de Dios en tu hogar. Por favor, no distorsiones la oportunidad y privilegio que Dios te dio, de ser su imagen visible en este mundo y sobre todo dentro de tu hogar.

Mi pastor Edmundo Madrid (que ya se encuentra gozando de la presencia de Dios) nos dejó tantas enseñanzas de vida, simples, muy simples a la vista, pero llenas de poder. Una de las tantas cosas que él decía, con respecto a la familia, y luego se lo he escuchado a algunos predicadores es: sea el mismo en la casa, como en la iglesia. Esto significa que debemos ser de una sola pieza, íntegros, con un mismo comportamiento. No confundamos a nuestros hijos en la iglesia adorando, levantando los brazos, siendo grandes cristianas, y en la casa transformarnos, tener malos hábitos y hacer cosas que a Dios no le agradan. Es allí donde los confundimos y echamos a perder el plan y propósito de Dios para nuestras familia.

Una pequeña niña de nueve años, me hizo un simple y singular comentario, algo les estaba compartiendo a las niñas y ella dijo: mi mamá dice que no tenemos que hacerle caso a todo lo que el pastor dice, porque es un poco exagerado, que sí podemos ver telenovelas, que eso no es malo, la verdad fue gracioso, pero si analizas y vemos el trasfondo del comentario de la pequeñita, la mamá le está quitando la oportunidad de crecer con principios básicos y elementales de la vida cristiana, habría mucho que decir, pero el solo hecho de que le hagas a tus hijos un mal comentario de tu pastor o tu iglesia, ya les abres la puerta, para que en la adolescencia, decidan ya no querer ir a la iglesia, es como que les dices, vamos pero no todo es bueno, o no todo es verdadero. Así que puedes decidir cuándo crezcas ya no venir.

✦ Amor y respeto en la familia

Existen dos componentes importantísimos dentro de disfrutar el regalo más grande que Dios pudo dejarnos al disfrutar la comunión de la familia; estos son el amor y el respeto. Cuando aprendemos que nuestros roles en el hogar son distintos, es allí que la vida en familia toma el sentido correcto, estoy convencida que los chicos necesitan amor, saber que los padres los aman profunda y sinceramente y los padres necesitan respeto, ser valorados y respetados por los hijos.

La buena noticia es que cuando los hijos se sienten amados, son motivados a responder positivamente a los padres; y cuando los padres se sienten respetados, son energizados para ser afectuosamente amorosos con sus hijos. Cuando estas necesidades son satisfechas, suceden cosas buenas en la familia.

Los padres necesitan y desean el respeto que la Escritura dice claramente que es su derecho: *"Honra a tu padre y a tu madre, para que tus días se alarguen en la tierra que Jehová tu Dios te da" (Éxodo 20:12)* este es uno de los muchos pasajes en el que se les dice claramente a los hijos que honren y respeten a sus padres. Y los niños necesitan y desean el amor y la comprensión que la escritura les enseña a los padres que les den. Puedes leer, *(Tito 2:4; Efesios 6:4 y Colosenses 3:21)* para obtener algunos ejemplos de los lugares en que se mencionan o describen las responsabilidades de los padres.

✦ Los roles dentro del hogar

La Madre:

La primera que ha de asumir la responsabilidad en la crianza y educación de los hijos es la mujer. Así lo vemos en las Escrituras. El niño bebe de su madre, no sólo la leche física, sino también el primer alimento formativo. (1ª Tes.2:7-11). Los primeros años de la vida de un hombre son fundamentales en la formación de su carácter y personalidad. Por eso, durante estos años, es preciso que los hijos estén el mayor tiempo posible junto a su madre. No se trata de que reciban información, simplemente, sino de todo un complejo conjunto de elementos, entre los que hay actitudes, valores, principios, gestos y también enseñanzas prácticas, que tienen que ver con la formación y que van plasmando su carácter.

✦ Grandes mujeres de fe y nobleza

Faltaría el tiempo para destacar la fe de Sara, que tuvo en Isaac una clara muestra de su piedad. La fe de Rahab, quien después de haber sido una mujer menospreciada en Jericó, vino a ser la madre de Booz, el marido de Rut, un hombre piadoso y justo como pocos en al Antiguo Testamento. De Betsabé, la madre de Salomón, que crio a su hijo para el trono. De Elizabet, la madre de Juan el Bautista, que alaba al Señor por haber quitado su afrenta entre los hombres, y que crio un nazareo para Dios. Y, sobre todo, la fe de María, la madre de nuestro Señor, a quien le fue confiada la noble misión de criar a Jesús, en el hogar de la mayor piedad imaginable.

¿Qué misión hay más noble para una mujer? No hay más alto privilegio conferido, que el de criar y formar a sus hijos "en fe, amor y santificación" (1ª Tim.2:15)

"De todos los derechos que tiene una mujer, el mejor es el de ser madre"

✦ El sacerdocio del padre

La primera y gran responsabilidad del padre cristiano es la de ejercer el sacerdocio espiritual a favor de sus hijos. Si bien es una responsabilidad que comparte con su esposa, es el varón, que ha sido puesto como cabeza de la mujer, quien está llamado a ejercer fielmente este ministerio.

Sacerdocio significa, fundamentalmente, intercesión. Cristo es el primer y mayor sacerdote -" *sumo sacerdote*", que intercede permanentemente por los hijos de Dios. El padre cristiano ha de hacer lo mismo a favor de sus hijos. Ningún éxito en la vida puede compensar el fracaso en el hogar.

El gran y sublime amor de Dios, se percibe de una forma muy fácil dentro del hogar, por esa razón debemos tener familias que honren a Dios, que lo pongan en primer lugar.

El que desea haber nacido en otra familia, se rechaza así mismo.

Te invito hacer un paréntesis, y puedas escribir una oración a Dios, si en lugar de venir recuerdos cargados de amor y cuidado paternal, únicamente vienen a tu mente recuerdos de dolor, tristeza, amargura, mal trato y malos recuerdos. por favor, haz una pausa, pídele a Dios, que renueve tu mente y pensamientos. Aférrate a la escritura que somos poseedoras de la mente de Cristo y que nuestros pensamientos son rejuvenecidos y transformados por el poder del Espíritu Santo.

Te dejo unas líneas para que escribas tu oración y le pidas a Dios perdone tu pasado, te ayude a superarlo y que de hoy en adelante puedas traer a memoria únicamente todas aquellas cosas que marcaron para bien tu vida en familia, y han servido, con el paso de los años, a que seas una mejor persona.

En cambio, dejen que el Espíritu les renueve los pensamientos y las actitudes. Efesios 4:23 (NTV)

Padre amado:

_____

_____

_____

_____

_____

_____

_____

_____

_____

_____

_____

_____

> *«¿Quién puede conocer los pensamientos del Señor?*
> *¿Quién sabe lo suficiente para enseñarle a Él?*
> *Pero nosotros entendemos estas cosas*
> *porque tenemos la mente de Cristo.*
> *1 Corintios 2:16 (NTV)*

Te invito a dar un paso de amor familiar, que como mujer priorices tu familia. Seas una buena esposa, si estás casada. Seas una excelente madre, si tienes hijos. Seas una buena hija, si aun vives con tus padres. Lo que quiero pedirte es que, sin importar tu rol, des lo mejor en el hogar, experimenta el amor de Dios, y comparte ese amor con los demás, haz a las personas que viven contigo, una vida fácil, una vida feliz, sé amable, agradable, con la que todos quieren estar, no seas la amargada, la que se queja por todo, la que siempre tiene algún dolor.

"Debes de sentirte cómoda, feliz y satisfecha, siendo tú misma"

Quise darte unos pocos principios familiares, que te ayuden a alcanzar esa mujer que pueda vivir al máximo en cada área de su vida.

No estoy hablando del amor de Dios, por lo que he escuchado, por lo que he leído, por lo que otras personas me han contado. Puedo decirte del amor y poder de

Dios porque lo he vivido, porque ha sido parte de mi vida, podría escribirte, hojas de hojas, de testimonios, anécdotas y cosas que nos han sucedido en el núcleo familiar, en donde hemos visto el amor eterno e infinito de Dios sobre nosotros, milagros de provisión, milagros de sanidad, milagros de Dios cumpliendo nuestros sueños, milagros migratorios, milagros en la iglesia. Son cientos de historias que hemos vivido, que podrían aumentar tu fe, para contarte que tenemos un Dios que nos ama poderosamente, que nos dio un lugar llamado familia, para que pudiéramos conocerlo y experimentarlo, y sobre todo para descubrir su sublime amor, por medio de las personas que tenemos a nuestro lado.

El regalo más grande de vida "La Familia".

◆ FE EN ACCIÓN

Estemos llenas de alegría. Somos la obra maestra de Dios.

PASOS DE *A*MOR

Pido en oración que, de sus gloriosos e inagotables recursos, los fortalezca con poder en el ser interior por medio de su Espíritu. Entonces Cristo habitará en el corazón de ustedes a medida que confíen en Él. Echarán raíces profundas en el amor de Dios, y ellas los mantendrán fuertes. Efesios 3:16-17 (NTV)

PASO #25
LOS AMOROSOS OJOS DE UN *P*ADRE

«A Dios no se le puede llegar a conocer precipitadamente. No otorga sus dones a quienes acuden a Él de vez en cuando. El secreto de llegar a conocer a Dios y ejercer influencia reside en estar mucho tiempo a solas con Él».” (John Maxwell)

Es impresionante darnos cuenta cómo hemos avanzado hablando en cuanto a comunicación, la realidad que en cualquier ámbito de la vida hemos corrido mucho más rápido que nuestras generaciones pasadas.

La tecnología ha avanzado en forma extraordinaria, los medios de comunicación ponen al mundo en nuestras manos en cuestión de segundos, las redes sociales te tienen informada de cualquier situación, noticia que suceda en cualquier lugar de nuestro planeta. Alexa responde a la mayoría de nuestras dudas.

En nuestro siglo no es imposible pensar en una excelente conexión en segundos, donde quiera que te encuentres.

Ahora puedo hablar con mis 3 hijas al mismo tiempo, viéndonos en una cámara, hasta tomarnos fotos, en una vídeo llamada por medio de las redes sociales sin costo alguno. Encontrándonos en diferentes lugares, a miles de millas.

Hemos, como seres humanos, avanzado y mejorado en muchísimas áreas de nuestra vida y esto es muy bueno, nos ayuda principalmente a estar cerca de las personas que amamos, más aún si las tenemos lejos. Pero esto contradictoriamente y recordando nuestra naturaleza humana terrenal, siempre somos más propensos a usar las cosas para mal y no para bien. Y todo este beneficio de redes sociales, de tecnología, de tener el mundo en nuestras manos, hace que cada vez tengamos menos tiempo privado, personal, para nuestra misma familia, no digamos para Dios.

Soy de las que cree que redes sociales nos acerca a los que tenemos lejos y nos aleja de los que tenemos cerca. ¿Esto es irónico, no crees?

Es muy curioso ver familias, encontrarse dentro de las mismas cuatro paredes, pero, con un teléfono inteligente en sus manos se encuentran tan distantes unos de los otros; cada uno en su propio mundo a cientos de millas de distancia uno de otro y quizás solo observando la vida de personas que ni siquiera conocen y nunca los conocerán.

Lo mismo nos pasa con El Señor, está ahí tan cerca de nosotros, a nuestro lado, acompañándonos cada segundo, y sin embargo no nos percatamos que Él se encuentra allí. Te invito a que, de una forma espontánea, genuina y específica, puedas tener tiempo importante con Dios por medio de la oración. Cuando escuchas la palabra oración la mayoría de las personas piensa en un tiempo aburrido, cansado, de llorar y de pedir perdón por todos sus pecados.

✦ ¿Por qué los cristianos no oramos?

... aun personas que tienen el genuino deseo de orar y han tratado de desarrollar una vida de oración, algunas veces tienen una idea equivocada en cuanto a ella. Piensan que para hacerlo tienen que aislarse por completo, arrodillarse, cerrar los ojos, juntar sus manos, etc. Toman consigo una lista de cosas por las cuales orar y la revisan metódicamente. Nada de eso es malo ni indebido, pero esa clase de vida de oración mecánica puede llegar a ser muy tediosa. Para la mayoría de las personas después de orar durante cinco minutos, no tienen más nada que decir, se frustran y entonces se sienten culpables por no tener una mejor vida de oración. Por eso no nos extraña que haya tantos cristianos renuentes a orar. Convirtieron la oración en algo formal, inflexible y muerto, lo que nunca fue la intención de Dios.

Cada vez que el mecanismo de la oración se interpone en nuestro amor hacia Dios, se convierte en un impedimento y no en una ayuda." (John Maxwell)

✦ Mi mejor conversación

Hace algún tiempo escribí una pequeña guía de oraciones diarias, un devocional basado en el libro de proverbios, mi intención fue enseñarles a chicas a hacer oraciones, genuinas y espontáneas basadas en las escrituras. Invitarlas a descubrir la maravillosa experiencia de llevar una tierna y apasionada relación con Dios y así recibir todas las bendiciones que Él tiene preparadas para cada una de nosotras, para nuestra familia y amigos.

+ **¿Qué es lo que entendemos por oración?**

Orar es hablar con Dios como tu mejor amigo, de una manera entendible, sin necesidad de usar palabras rebuscadas, simplemente es entablar una conversación entre Dios y tú. La oración no tiene que ser repetitiva, sino que lo importante será, la sinceridad de palabras y la disposición de tu corazón. Orar es decirle a Dios cuánto lo amas, mostrar sincero agradecimiento por la vida y las cosas cotidianas, ya sean buenas o malas, es tener una convicción clara de que cada cosa que sucede en tu vida tiene un propósito de parte Dios, y eso te hace saber que Él tiene el control de tu vida.

La oración es el acto de presentar nuestra impotencia y la de otros, en el nombre del Señor Jesucristo, ante los amorosos ojos de un Padre que sabe, comprende, cuida y contesta. La oración es el anhelo y respiración del espíritu hacia Dios. Es el apoderarse de la buena voluntad de Dios.

"La oración eficaz del justo puede mucho" Santiago 5:16

Dios (Padre)
Génesis 1:1

Es emocionante saber que Dios es un Dios trino, y por lo tanto tenemos una relación específica con cada una de las formas en que Él se nos presenta, como Padre, Hijo y Espíritu Santo. Por ejemplo, cuando hablo con Dios, siento algo importante en mi corazón de respeto, de sujeción, puedo sentir su poder y gloria aplastante sobre mí, me dirijo a Él como mi Padre, agradezco por todas las cosas que me ha dado, le pido dirección para mi vida. Le agradezco por ser mi Padre protector, por cuidar de mí cada día, y por sustentar todas mis necesidades y las de mi familia.

Jesús (Hijo)
Juan 3:16

Oro a Jesucristo, agradezco por haber dado su vida por mí, por no negarse, por hacerme saber que mi vida importa que tiene sentido y valor, porque valgo su sangre, y Él siendo nosotras pecadoras, abre una brecha entre Dios y los hombres y nos hace ver bien delante de Dios.

Espíritu Santo (Amigo, consolador)
Hechos 1:8

Es emocionante hablarle al Espíritu Santo, tener plenamente la convicción que es nuestro amigo inseparable, nuestro consejero, nuestro consolador y el que nos ayuda en cada área de nuestras vidas. Sobre todo, que es El, el que nos indica la forma correcta de llegar delante de Dios. (*Efesios 6;18*)

La realidad, que una vida sin tiempo específico para tener charlas y pláticas con tu creador hace de nuestra vida tumbas vacías, mal olientes, sin sentido, sin vida, sin ilusión.

Todas sin excepción y por el motivo que llegaste hasta este día de lectura, creemos en un ser sobre natural que gobierna no únicamente nuestras vidas, sino el mundo y el universo. Y quiero decirte que este Ser sobrenatural, Todopoderoso está interesado en ti, en tener una relación contigo, en pasar tiempo específico a tu lado cada día, solamente quiere que le des la oportunidad de entablar esta impresionante relación diaria contigo. La realidad es que Dios no está más lejos de ti, que a la distancia de una oración.

✦ Ten comunicación directa en todo momento

Orar, hablar, platicar con Dios, debería de ser algo espontáneo, genuino, sincero; charlas veraces que logren tocar el corazón de Dios y que esté dispuesto a voltear su rostro y te vea exclusivamente a ti. Conversaciones que puedas hacer en cualquier momento, en cualquier lugar a toda hora. Arrepiéntete de oraciones anémicas e ineficientes, haz oraciones que toquen el corazón Dios. Empieza a creer que Dios puede cumplir oraciones desafiantes.

Si te encuentras en tu trabajo, quizá frente a un computador, y puedas estar diciendo frases como: te amo Dios, gracias por este día, Espíritu Santo, gracias por estar aquí, por guardarme esta mañana y porque llegamos bien hasta el trabajo; o puedes estar en un supermercado, tomando las cosas necesarias para tu hogar, y compras algo con lo que le prepararás la comida a tu familia, o los ingredientes para la comida preferida de uno de tus hijos y tú dices algo como esto: Señor gracias por mi hijo, por sus gustos, por su singularidad, ayúdalo donde se encuentre en este momento, hoy cocinaré para él, gracias por la bendición de tener un hijo como él, lo bendigo, declaro que cada día de su vida es mejor.

Si eres una de esas chicas, que cuida de su salud física y tienes la disciplina de una rutina de ejercicio diario, y logras hacer de ese momento un tiempo de intimidad con Dios, ¡Wow!, créeme entrarás en una dimensión extraordinaria de una vida espiritual saludable. He escuchado testimonios de personas que, en el momento de sus ejercicios, al correr en la arena, han recibido direcciones específicas de parte de Dios en cuanto a su vida, ministerio o negocios importantes.

En mi propia experiencia, no hay momento en que sienta tan fuertemente la presencia de Dios y la dulce compañía del Espíritu Santo que en el momento que estoy corriendo, puedo ver al cielo, y me pareciera que únicamente existimos Dios y yo, y que Él tiene sus ojos puestos en mí y está completamente solo para mí, para escuchar mis agradecimientos, mis pedidos, mis preguntas y dudas; es cuando han venido las mejores ideas y respuestas de parte de Él para mi vida.

El tener a Dios en primer lugar y saber que Él está contigo y sobre todo está presente para ayudarte en los momentos más felices y significantes, como en el peor día de tu vida.

Dios oye el clamor más débil si es hecho con todo corazón. R. Rinker afirma haber descubierto que *"El verdadero propósito de la oración es poner a Dios en el centro de nuestra atención y olvidarnos de nosotros mismos"*.

Hay muchas formas de orar, en cuanto a tu postura y corazón, hay muchos momentos trascendentes, en los que la oración es la única llave que tienes para abrir la puerta de bendición y acercarte al trono de la gracia de Dios. Hay momentos en la vida que nos encontramos en un callejón sin salida, que únicamente tienes el recurso de acudir al mejor lugar, llegar en una plática sincera con tu creador; todos aquellos momentos de decisiones difíciles, que cambian el rumbo de nuestra vida, esos son los momentos, en que debes utilizar el arma poderosa que tenemos los hijos de Dios, llegar delante de Él y exponerle nuestras necesidades.

Hay momentos para hablar con Dios a solas, hay otros que necesitas de compañeros y oraciones grupales, también el orar unos por otros.

Te preguntarás ¿Por qué incluí un día de oración en la semana de pasos de amor? Consideró que la fuerte llama del amor hacia Dios, es lo único que podrá mantenerte en esa estrecha e inigualable relación personal a la que me refiero, no puedes sentirte identificada ni amada por El Señor si no tienes una relación con Él, para eso tienes que hablarle, contarle el estado de tu corazón, hablar sobre tus dudas, tus temores o cualquier cosa de tu vida. Esto fuera como si en tu matrimonio, o con tu mejor amiga, la relación creciera y fuera fuerte de verse únicamente los domingos, y de tener pláticas serias, distantes, muy respetuosas. Me parece que no, que esa relación no funcionaría. Lo mismo es con nuestro Padre Celestial, necesitamos ser intencionales, darle de nuestro tiempo, hacer de nuestra relación una verdadera intimidad con Él.

"La verdadera oración no es tan sólo un ejercicio mental, ni una actuación vocal, pero es mucho más profunda que eso - es la comunión espiritual con el Creador del cielo y de la tierra. Dios es un Espíritu que el ojo mortal no puede ver y que solamente lo percibe el hombre interior; en nuestro espíritu, engendrado por el Espíritu Santo en

nuestra regeneración. De principio a fin, la oración es un asunto espiritual, y su objetivo no termina con el hombre, sino alcanzarlo a Dios mismo." (C. H. Spurgeon)

Quiero invitarte a que leas y estudies excelentes libros sobre la oración, que han sido de gran bendición para mi vida personal de oración:
"Entendiendo el propósito y el poder de la oración".
(Dr. Myles Munroe)
"Compañeros de oración".
(John C. Maxwell)
"La oración intercesora"
(C. Peter Wagner)

Quiero cerrar el capítulo sugiriéndote, que cada año planifiques un retiro espiritual silencioso, podrías tomar unos dos o tres días, para bajar el ritmo, para encontrarte a ti misma, principalmente para tener esos espacios con tu yo interno, evaluar tu vida y los motivos correctos por los que realizas lo que haces, para tener tiempos sobrenaturales con Dios, para darle tiempo al alma, y organizar tus prioridades. Si eres una mujer dentro del ministerio; una pastora, un líder, una mujer ejerciendo dones dentro de alguna organización, esto traerá salud espiritual, mental y emocional al alma, yo le llamo "Un coffee break para el alma".

"Orad sin cesar" 1 Tesalonicenses 5:17

✦ FE EN ACCIÓN

"Es muy difícil permanecer enojados si oramos juntos."
(Edmundo Guillen)

PASOS DE *A*MOR

Jesús respondió: ¿No te dije que, si crees, verás la gloria de Dios?

Juan 11:40

———————◆———————

PASO #26
PLENAMENTE *V*IVA

Bueno, llegamos hasta aquí. sí lograste leer el encabezado de esta hoja que dice: *"Plenamente Viva"* es que te encuentras ¡Plenamente viva! Estás respirando, puedes leer y pensar correctamente, así que debes sacar toda la fuerza, entereza y valor que necesitamos las mujeres para accionar vidas plenas, completas y gratificantes.

Espero que hayas leído a lo largo de tu vida, un par de veces proverbios 31, varias ocasiones he pensado que quizá no existe ninguna mujer que cumpla con tan perfectos atributos y gran nobleza, de niña pensaba que seguramente eran cualidades que únicamente fueron cumplidas y hasta diseñadas para la virgen María, la madre de Jesús. Al ir creciendo me di cuenta, que si somos mujeres que amamos a Dios de todo corazón, lo tenemos en el lugar correcto, el lugar que debe de ocupar, el número uno, con su ayuda, con caminar de acuerdo con los principios enmarcados dentro de este maravilloso texto, podremos llegar a convertirnos en una mujer plena, exitosa, prudente, diligente, amorosa de acuerdo con nuestro diseño único y perfecto.

✦ Más preciosa que un rubí

Cuando dentro de una familia se encuentra una mujer virtuosa y capaz que es más preciosa que un rubí en ese hogar hay armonía y tranquilidad, no únicamente si tu rol es ser madre, también como hija, como hermana, quizá eres la tía o la prima, lo importante es de qué manera vives e irradias alegría y tranquilidad a los demás.

A lo largo de la vida, siempre tenemos la oportunidad de conocer personas de todo tipo, nosotras con nuestro sexto sentido muy bien desarrollado, podemos leer cosas que no se ven a simple vista, en nuestras conversaciones decimos cosas como; esa persona tiene algo que no me gusta, pude sentir que era mal intencionada, o no me vio bien, casi pude leer sus pensamientos; y es que en realidad somos así, Dios nos dio capacidades para cuidarnos, protegernos y salir delante de las situaciones. Pero muchas veces no usamos todas esas cualidades para lo bueno sino para lo malo.

Sé una mujer que hace el bien todos los días de tu vida y no el mal, que no te califiquen por tu mal humor, por tus malas intenciones, porque siempre eres egoísta, porque a las fiestas nunca llevas regalos, porque siempre llegas tarde, esas mujeres son molestas y no honran a Dios con su vida.

Este proverbio dice que la mujer sabia hace el bien todos los días de su vida, la frase hace el bien, encierra algo muy grande, hacer el bien es pensar primero en los demás luego en ti, es tener amor y misericordia, es ser menos egoísta es ser pacificadora.

✦ Fuerte, llena de energía y es muy trabajadora

Cuando eres invitada a entrar en una casa, inmediatamente poniendo los pies dentro del hogar, empieza tu percepción de la mujer de casa, no necesitas más de cinco segundos para darte cuenta la clase de mujer o mujeres que viven allí, es triste y lo digo con vergüenza, que hogares de mujeres cristianas se encuentren sucios, desordenados, debemos adoptar características importantes de la mujer noble; el versículo diecisiete dice que ella es fuerte, llena de energía y es muy trabajadora, si quieres sentirte plenamente viva, debes ser fuerte, pedir a Dios una fortaleza como no has tenido hasta aquí, que hermoso estar cerca de una mujer llena de energía, trabajadora, que se levanta temprano, que tiene su casa cuidada, que da lo mejor de ella, que no es perezosa, que encuentra algo nuevo por hacer, ese es el tipo de vida que deberíamos estar viviendo, y al cual quiero motivarte.

Piensa ¿Qué es lo que haces en tus veinticuatro horas del día? O mejor repregunto ¿Qué cosas importantes dejas de hacer? Te invito que uses agenda, podrás decirme: pero yo ni siquiera tengo un trabajo, no trabajo fuera de mi hogar, ¿Para qué una agenda si yo lo que hago es estar en la casa? Pues déjame decirte que estar en tu hogar y atenderlo es el trabajo más privilegiado, profesional y exclusivo que jamás podrías obtener. Puedes ser reemplazable en cualquier asignación de tu vida, pero en el rol de madre en ese eres irremplazable. Debes llevar una agenda, debes tener todo plenamente calculado, para que tus horas sean gratificantes y aprovechadas con excelencia, debes tener tiempo para todo lo que conlleva llevar perfectamente un hogar, pero sobre todo debes tener tiempo para ti, anotar cada cosa y por la noche antes de ir a dormir, revisa tu agenda y checa tu efectividad de cada día, esto te hace dormir y descansar con tranquilidad. Necesitas organizar tiempo específico para tu crecimiento y cuidado personal, ten por lo menos una hora diaria de lectura, hará una gran diferencia en tu vida, ten una hora para ti, para pensar para evaluarte y proyectarte, dedica tiempo en tu cuidado personal, no salgas a la calle sin bañar, sin peinarte, sin tener no únicamente una presencia agradable sino un aroma agradable, podrías pensar que es elemental, y que no deberías estar leyendo tanta simpleza, pero la experiencia me dice lo contrario; el tratar por tantos años con chicas y darme cuenta que las cosas básicas y esenciales en ocasiones no las ponemos en práctica.

Me doy cuenta de que la mayoría de nosotras nos arreglamos y nos ponemos bellas `para las personas que no les interesamos, hasta nos arreglamos para las otras mujeres. Un sábado que decidimos quedarnos en casa, en compañía de toda la familia, dijimos frases como, hoy no voy a hacer nada, voy a descansar, vamos a pasar comiendo en la sala, viendo películas y disfrutando el día, y te la pasas con una imagen no agradable, el día que decidas quedarte todo el día en casa a descansar, hazte un favor, es el día que debes estar más linda y presentable para tu familia.

Las mujeres casadas, perdemos la noción, que nuestros esposos pasan todo el día en la calle, entrando y saliendo de un lugar a otro, ya sea trabajando o haciendo pagos, cosas que hacen la mayoría de los hombres, y todas las mujeres que los reciben en la calle; en sus trabajos y oficinas, en la mayoría de casos están arregladas, sonríen, son amables, usan maquillaje y perfume, luego llegan a casa y tú los recibes con un sartén, con un cuchillo en la mano, y sobre eso de mal humor.

✦ 911 de todo el mundo

Si quieres ser una mujer diferente que trascienda, debes ponerte metas; cada 31 de diciembre, o cada día de tu cumpleaños puedes evaluar el año que estás cerrando y proyectarte a un nuevo y mejor año, debes procurar ser cada día mejor, en todas las áreas; integralmente, en alma, en cuerpo y espíritu, mi amiga, estudia, prepárate, lee, no solo dejes correr las horas y los días, que nadie decida por ti, ocúpate tu misma. Si no serás de esas personas que los demás ocupan y te llaman para cualquier favor, te convertirás en el 911 de todo el mundo, menos de tu propia vida.

Cuida tu cuerpo físico, no únicamente para tener una buena imagen (aunque eso sí importa) pero para estar saludable y tu familia goce de tu compañía por más tiempo, y sobre todo tiempo de calidad. Ve al gimnasio, sal a correr, cómprate una bicicleta, diviértete, ten pasatiempo que te ayuden a tener buen humor, todo esto es muy importante.

✦ Lo que cuenta es hoy

Si logras luego de leer este libro *"Pasos de fe"*, y pude sembrar en tu corazón una vida diferente, una vida con sentido, si logré despertar en lo profundo de tu corazón un deseo de caminar, de ser mejor, de no quedarte dormida en la vida, de ser diligente, de vivir sobre todo apasionada y llena de amor, créeme me sentiré, que el esfuerzo y realización de este material sí valió la pena.

Pídele sabiduría a Dios para cada área de tu vida, no te conformes con menos de lo que Dios tiene para ti.

Vístete de fortaleza y de dignidad, ríete del futuro, no le tengas miedo al mañana, sé una mujer segura, vive apasionadamente, se plena, no dejes las cosas para mañana, el mañana no sabes si llegará, lo que cuenta es hoy, tu presente, como lo vivas, que es lo que la gente cerca de ti dice de ti, el amor que recibes, las palabras de afirmación que recibes. Cada mañana al levantarte, tienes la oportunidad de que ese día sea mejor que el pasado, di: hoy seré mejor que ayer. Solo una persona mediocre está siempre en su mejor momento.

Quiero terminar, pidiéndote que uses correctamente tus labios, en otras palabras, no te metas en problemas, no lleves ni traigas información, nadie confiará en ti y nadie querrá ser tu amiga, es una de las cosas que la gente más se queja una de otra, cuando una amiga falla la otra dice: se lo conté en secreto, nunca pensé que me fallaría, contó lo que yo le dije en confianza. Me lastimó, ya no podré confiar en nadie. ¿No sé si has escuchado esas frases algún día? Son muy comunes, las personas se quejan unas de otras por la falta de integridad y la falta de valor dentro de nuestra sociedad, te invito a que uses tus palabras correctamente, sé amable, sé agradable pero lo mejor y más importante sé genuina.

✦ Usa palabras inteligentes

Que lindo cuando damos un cumplido y le decimos una característica a destacar a una persona, pero con toda genuinidad, no con falsedad e hipocresía. Tanto en mi vida personal, familiar e iglesia, he tratado de tener una cultura de amabilidad, de señalar a las personas que cuando vemos algo agradable de alguien, se lo decimos, como por ejemplo, un nuevo corte de cabello que a la persona le quede bien, un vestido lindo, un color de zapatos, algo que en verdad y sinceramente te guste de la otra persona, puedes resaltarlo y decirle lo bien que le queda, usar palabras inteligentes, llenas de amor y ánimo para la persona, no así, si algo no te gusta no deberías de exaltarlo, debemos aprender a usar correctamente nuestra boca, no mientas, no exageres, no tergiverses las conversaciones, sé prudente, por favor quédate callada, no hables todo el tiempo, es muy molesto estar cerca de alguien que habla todo el tiempo y peor aún, si esta persona habla de ella misma más que de los demás, la vida cristiana es hermosa, te enseña, te educa, nos hace mucho mejores seres humanos. La Biblia y sus principios nos ayudan a ser personas exitosas, personas realizando todo aquello para lo que Dios nos creó.

Brilla con luz propia, no seas el reflejo de nadie, aprende a decir sí, cuando se requiera un sí, y aprende a decir no, cuando necesites decir no, la palabra más difícil es no, pero no puedes complacer ni hacer todo lo que la gente requiera de ti.

> *No conozco la clave del éxito, pero la clave del fracaso es tratar de complacer a todo el mundo.*
> *(Woody Allen)*

Hay muchísimas mujeres capaces y virtuosas en todo el mundo, quizás en este momento tú no las superas, pero con Cristo en tu corazón, con entendimiento y con buena disposición de cambiar, de ser mejor, podrás lograrlo. ¡Sí! ¡Tú! Una mujer al igual que yo simple, normal, de este siglo.

Estos principios, no caducan ni pasan de moda, tú puedes lograr convertirte en esa mujer que no tiene topes, que no tiene barreras, que puede comerse el mundo.

✦ **Compra una agenda**

Hoy es tu día, hoy es tu momento, al terminar de leer este capítulo, sal de tu casa, ve y busca una tienda de conveniencia, por muy poco dinero puedes comprar una agenda, y hoy puede iniciar el cambio radical de la mujer plena que deseas ser. Cómete el mundo, se feliz, vive al máximo, disfruta la vida, vive libre, expresa tu belleza y femineidad a su máxima potencia, nadie puede reclamar superioridad ante otro ser humano. No eres más que nadie, pero tampoco eres menos, así que créete cada una de las promesas que Dios tiene en la Biblia para ti, sí fueron escritas para ti y por ti.

La buena noticia Proverbios 31 de los versículos diez al treinta y uno, no fueron escritos únicamente para María, ni para las mujeres de la antigüedad, fueron escritos para la mujer de hoy, para la mujer de este siglo, para la plenamente viva.

Lee detenidamente este pasaje Bíblico (*Proverbios 31:10-31*) y luego haz una profunda oración, que salga genuinamente de tu corazón y pídele al Espíritu Santo, que sea tu colaborador, para ayudarte a señalar y pedir, en las áreas que necesitas mejorar y crecer, para ser la mujer virtuosa, de carácter, de fortaleza y sobre todo de noble corazón.

Claudia Arana

Amado Dios:

_____
_____
_____
_____
_____
_____
_____
_____
_____
_____
_____
_____
_____
_____
_____
_____
_____
_____

La vida es una aventura de osadía o no es nada. (Helen Keller)

◆ FE EN ACCIÓN

¡Vive libre! Una declaración poderosa; tú eres la que decide la clase de vida que quieres vivir.

PASOS DE *A*MOR

No permitas que nadie te subestime por ser joven, se un ejemplo para todos los creyentes en lo que dices, en la forma que vives, en tu amor, tu fe y tu pureza.

1 Timoteo 4:12 (NVI)

---◆---

PASO #27
SIÉNTETE, CÓMODA
SIENDO TÚ *M*ISMA
POR: CLAUDIA ARANA

Mi nombre es Claudia Arana, tengo 33 años, vivo en Barcelona, España.

Soy hija de la linda escritora de *"Pasos de Fe"*, la cual me pidió que escribiera algo de mí, de mi carácter y sobre todo de mi identidad. Al parecer ella piensa que soy un poco diferente a los demás y que no dependo mucho de la opinión que la gente trata de ejercer sobre mí. Me encanta aprender, pero no me gusta copiar nada de nadie. Me siento muy feliz de mi genuinidad y de como Dios me formó, así que si me das unos minutos de tu tiempo te contaré algo sobre mí.

Algo que debes tener presente cada día es la autoconfianza, todos experimentamos miedo en algún momento o a cierto grado, y está bien. Lo importante es como lo manejemos. Debes aprender a superarlo.

✦ Del miedo al fracaso

Cuando tengas miedo a algo, pregunta lo siguiente, ¿Qué es lo peor que pudiera pasar? Usualmente no es tan mala la respuesta.

¿Crees que eres digna del respeto de los demás? Esto es autoestima. ¿Crees en ti misma? Esto es autoconfianza.

Creo firmemente que se pueden hacer cosas para aumentar la confianza en ti misma, no es genético, y no se tiene que depender de otros para aumentar tu confianza. Si tú crees que no eres muy competente, inteligente, atractiva, etc., las demás personas pensarán lo mismo de ti; pero eso puede cambiar. Puedes aprender a tomar el control de tu confianza en ti misma. La confianza en ti misma es algo que puede ser aprendido, practicado y dominado, al igual que cualquier otra habilidad.

Eres una persona digna de respeto, y alguien que puede dedicarse a lo que quiera, a pesar de las personas negativas que te rodean.

Por ejemplo:

Esta es la primera vez que escribo para un libro. Soy una artista de maquillaje no una escritora, nunca he hecho nada como esto antes. Por supuesto que sentí miedo e inseguridad al principio, pero siempre me gusta pensar de esta manera. Si Dios ha puesto esta oportunidad ante mí, es porque Él cree que puedo hacerlo, y hay algo que puedo aprender de la experiencia, algo que quiere enseñarme, ¿Qué es lo peor que podría pasar? Que a los lectores no les guste este capítulo en particular, obtener críticas negativas, o que mi mami decida no ponerlo. Bueno, yo puedo vivir con eso.

✦ Consejos personales

Aquí dejo algunos consejos que en lo personal me han ayudado con esta área y creo que podrían ayudar a algunas de ustedes también.

✦ Imagen personal y Lenguaje corporal

Sé que es el interior lo que más importa, pero lo de afuera también importa. No nos podemos simplemente olvidar de esto, así es como las personas nos ven. Sé que esto puede sonar gracioso pero una ducha al día puede hacer una gran diferencia en tu día.

Da una milla extra y estiliza tu cabello, te puedes aplicar un poco de maquillaje. Por supuesto que esto es muy importante, *"soy Maquillista"*. Veo esto a DIARIO en el trabajo, veo cómo mis clientes se sienten después de una clase de automaquillaje, no pueden dejar de verse en el espejo. Su confianza en sí mismas aumenta en gran medida después de haber aprendido cómo maquillarse adecuadamente. Es increíble lo que un par de consejos pueden hacer para resaltar tu belleza natural.

Vístete bien, instantáneamente te sentirás mejor contigo misma. Si te sientes presentable, te sentirás exitosa, por lo tanto, lista para tomar lo que venga en ese día. No mal interpretes vestirte bien, con vestirte excesivamente caro. Puede ser ropa casual de aspecto agradable y presentable, de acuerdo con tu estilo de vida.

El lenguaje corporal es muy importante. Mira a los ojos a la persona con la que estás hablando, no a tus zapatos. Mantener contacto visual muestra la confianza propia. Habla despacio. Toma el tiempo para hablar despacio y claramente; sentirás más confianza y parecerás más segura ante los demás.

✦ Adentro de tu cabeza

Tienes que pensar positivamente y para hacerlo tienes que matar todos los pensamientos negativos. Tienes que aprender a estar consciente de tu diálogo interno, los pensamientos que tienes sobre ti misma y lo que estás haciendo.

Recuerdo que después de graduarme de la escuela de maquillaje, estaba atendiendo mis primeras clientes y a medio maquillaje, empezaba a pensar *"¿Y si no le gusta? ¿Estoy tomando demasiado tiempo? "Parece que no le agrado mucho."*

Tenía que reemplazar mis pensamientos negativos con positivos. Pronto aprendí a reconocer este diálogo interno negativo. Así que ahora cuando esta situación vuelve a suceder con una cliente, cambio mi pensamiento a algo así: *"¡Qué hermosa es mi cliente, a ella le encantará su maquillaje, me parece que le caigo bien, notará rápidamente el cambio, se ve mucho mejor! Tan pronto reconozcas este diálogo interno negativo, reemplazarlo con un pensamiento positivo, tiene que ser intencional.*

✦ Tu circulo intimo

Este es el tiempo para evaluar tu círculo íntimo, incluyendo amigos y familiares. Esta es una pregunta difícil, pero es el momento de considerar seriamente alejarse de aquellas personas que te sofocan y destruyen tu autoestima.

✦ Actuar positivo

Eres lo que haces, por lo tanto, si cambias lo que haces, cambias quién eres. Actúa de una manera positiva, toma acción en lugar de decirte a ti misma que no puedes, sé positiva. Habla con la gente de una manera positiva, pon energía en tus acciones. Pronto comenzarás a notar la diferencia.

✦ Se amable y generosa

".... Amarás a tu prójimo como ti mismo." Levítico 19:18 Es verdad, la regla de tratar a los demás como te gustaría ser tratado en su lugar, te llevará a tu propia felicidad. *"Regla de Oro"*.

¿Cómo podemos practicar esto?
Practica Empatía

Haz que sea un hábito tratar de ponerte en los zapatos de otra persona. Cualquier persona. Seres queridos, compañeros de trabajo, gente que conoces en la calle. Trata de comprender, en la medida en que puedas, lo que se siente ser ellos, lo que ellos están pasando, y por qué hacen lo que hacen.

Practica Compasión

Una vez que puedas comprender a otra persona, y sentir lo que están pasando a querer poner fin a su sufrimiento. Y cuando puedas, tomar incluso una pequeña acción para aliviar de alguna manera su sufrimiento. Esto traerá mucha alegría y satisfacción a tu vida, es una de las claves más importantes para sentirte a gusto contigo misma, cuando puedes ser de bendición a otra persona.

Sé amigable

Claro debes ser amigable dentro de los límites de lo apropiado. Pero ¿A quién no le gusta sentirse bienvenido y querido?

Sé Útil

No te ciegues a las necesidades y problemas de los demás. Mira, fíjate para ayudar incluso antes de que te pidan ayuda, hay dichos muy comunes, pero son muy ciertos; como que "mucho ayuda el que no estorba". Si no vas a ayudar en el momento de la necesidad a alguien, de lo cual sí tienes como hacerlo, por favor quítate del camino y deja que alguien más lo haga.

Sé cortés en el tráfico

Muy sencillo, pero de mucha ayuda, no pelees, no andes de mal humor, cede el paso, no vayas por la calle con los nervios de punta y sobre todo no remates con los demás, una mujer nunca se ve bella ni femenina, no siendo amable en el tráfico.

Escucha a los demás

Tómate el tiempo para escuchar a otra persona, en lugar de esperar tu turno para hablar. También te va a ayudar mucho a poder entender a otros, cuando sabes darles su tiempo y escuchar, no hables de más, las personas que hablan todo el tiempo, la realidad nadie quiere estar en su compañía.

Supera los prejuicios

Todos tenemos prejuicios, pueden estar basados en el color de piel, el atractivo, la altura, la edad, el género, etc., supongo es la naturaleza humana, pero intenta ver a cada persona como un ser humano individual, con diferentes antecedentes, necesidades y sueños, trata de ver los puntos en común entre tu persona y la otra persona, a pesar de sus diferencias. Esto te ayudará a tener mejores amistades y a disfrutar la vida de mejor forma. Dios nos ve a todos por igual, para Él, todos somos sus hijos y su creación, a todos nos ama por igual, aunque mi hermana Ale, cree que ella es consentida, todos tenemos el mismo valor.

No controlar a los demás

Esto es difícil. También es muy raro que alguien quiera ser controlado. Así que no lo hagas. Las mujeres somos muy propensas a querer controlar, no solo las situaciones, sino a las personas. Te aseguro que nadie querrá estar contigo si eres autoritaria y manipuladora.

Observa cómo estos puntos te hacen sentir mejor:

Prepárate

Es difícil tener confianza en ti mismo, si tú no piensas que vas a hacer un buen trabajo. Vence esa sensación preparándote lo más que puedas. Estudia, lee, aprende, no se trata en estos días de que no puedes prepararte porque no tienes dinero suficiente para pagar una carrera, puedes estudiar y aprender miles de cosas por medio del internet y redes sociales, podrás convertirte hasta en una Chef profesional si te lo propones.

Conoce tus principios y vívelos

¿Cuáles son los principios sobre los que está basada tu vida? Si tú no lo sabes, te encuentras en serios y verdaderos problemas, porque tu vida se encuentra sin dirección.

Establece una meta pequeña y lógrala

Establece una meta que sabes puedes lograr y luego… lógrala. Te sentirás bien por ello. Luego establece otro pequeño objetivo y lógralo. En cuanto más alcances metas pequeñas, serás mejor en ello, y te sentirás mejor. Pronto te pondrás metas más grandes (pero aún alcanzables) y alcanzarás esas metas también.

Cambiar un pequeño hábito

No uno grande, sólo uno pequeño. Como escribir las cosas o despertar diez minutos antes. Ser puntual, hacer ejercicio un día más en la semana, beber un vaso de agua cuando te despiertas. Algo pequeño que sabes que puedes hacer. Hazlo durante un mes, cuando lo hayas logrado, te sentirás con un éxito total.

"No creo que haya ninguna cumbre que no pueda ser escalada por una persona que conozca el secreto para hacer realidad sus sueños. Este secreto especial yo lo resumo en cuatro "C" que son: la Curiosidad, la Confianza, el Coraje y la Constancia. De todos ellos el

más importante es la CONFIANZA. Cuando creas en algo, créelo sin dudar y sin cuestionarlo" (Walt Disney)

Espero te hayan servido de algo, los principios que uso a diario y sobre todo puedan ayudarte y los apliques a tu propio estilo de vida.

Por favor si no te gusto este capítulo, no me mal informes con los demás.

"La peor soledad es no estar cómodo contigo misma."
(Mark Twain)

¡Haz una oración!

(Claudia es mi segunda hija, una mujer fuerte y valiente, de profunda serenidad y estabilidad, es la madre de dos hermosos niños, (Rodrigo y Nicholas) Es una maquillista exitosa, que actualmente radica en Barcelona, es una mujer empodera, de influencia, que ama a Dios y vive cada uno de los conceptos que aquí te enseño).

◆ **FE EN ACCIÓN**

Cuídate como si fueras la persona más maravillosa que hayas conocido. Ama quién eres.

PASOS DE *A*MOR

Y hagan todo con amor.

1 Corintios 16:14

◆

PASO #28
VIDAS *G*ENEROSAS

¿No es cierto que hay varias leyes irrefutables e inquebrantables, que todas conocemos, que se han vuelto como nuestro pan diario, y por esa misma razón, casi pasan desapercibidas no solamente ante nuestros ojos sino ante nuestro conocimiento?

Una de las leyes inquebrantables, es la *"Regla de oro"* trata a los demás como quieras ser tratado por ellos. Es una gran verdad; tan cierta, pero pocas veces la ponemos en práctica, la mayoría de las veces reclamamos respeto, nuestro derecho, buen trato, sin dar lo mismo a cambio.
Otra ley irrefutable y muy simple es: *"El que busca encuentra"* y esto es aplicable tanto para lo bueno como para lo malo, si buscas problemas, te lo garantizo, los vas a encontrar.

Quiero detenerme y hablarte de una ley indispensable para la vida de todo ser humano, sea bueno o sea malo. Una ley que aplica a cada persona, a cada ser humano.

PASOS DE $\mathcal{FE}$

"La ley de la siembra y la cosecha"

No se dejen engañar: nadie puede burlarse de la justicia de Dios. Siempre se cosecha lo que se siembra. Los que viven solo para satisfacer los deseos de su propia naturaleza pecaminosa cosecharán, de esa naturaleza, destrucción y muerte; pero los que viven para agradar al Espíritu, del Espíritu, cosecharán vida eterna. Así que no nos cansemos de hacer el bien. A su debido tiempo, cosecharemos numerosas bendiciones si no nos damos por vencidos. (Gálatas 6:7-9 NTV)

No os engañéis: Dios no puede ser burlado: porque todo lo que el hombre sembrare, eso también segará. ¿No te parece una fabulosa verdad? Voy a parafrasearla un poco para hacer más claro el mensaje: *"No te engañes, todo lo que tu siembres, es lo que vas a cosechar"*

Lo más interesante de este pasaje y con aplicación es: Tú, ¿qué has estado sembrando?

El verso es muy claro, si vamos a cosechar o hemos cosechado todo lo que hemos sembrado, ¿Qué me dice mi situación actual de lo que he venido sembrando todo el camino hasta acá? parece algo muy intenso, y hasta da un poco de temor, pero la realidad es que no, es una ley universal que nos afecta sepamos o no de su existencia.

Esto nos afecta en todas las áreas de nuestra vida, si damos amor o no, si tratamos bien a las personas o no, si somos buenos hijos, seguro que en el futuro tendremos buenos hijos.

Hablando de generosidad, es mejor dar que recibir. *(Hechos 20:35)* Pero como es una ley inquebrantable, y tenemos un

Dios justo, lo más seguro es que, en la medida que demos, en esa medida multiplicado cosecharemos.

✦ Corazones generosos

La vida no se trata de pobreza o riqueza, se trata de generosidad. La generosidad más pura y sincera, es aquella que damos de corazón, con amor, por los motivos e intereses correctos, genuinamente, sin esperar nada a cambio. No damos porque sabemos que vamos a obtener una recompensa de esa persona: Que hermoso dar cuando sabemos que la persona a la cual ofreceremos un regalo de amor no tiene forma de devolverlo, ese es el gesto más genuino y sincero.

Es hermoso encontrarnos, personas con corazones sensibles, que están siempre dispuestos a ayudar y siempre andan con sus sentidos bien abiertos a la necesidad de los demás.

No hay mayor gozo que ser instrumento de Dios para bendecir la vida de otras personas, es una sensación gratificante, es ver puertas abiertas delante de ti, cuando has aprendido a dar, y no hablando únicamente de la economía, sino en todas las áreas de la vida. Es algo que te llena de un gozo inexplicable, es seguir el ejemplo de Jesús, que lo dio todo, hasta su propia vida, por amor a ti y a mí.

✦ Vive generosamente

Dar generosamente es bueno para tu salud. Cada vez que eres generoso, cada vez que das, mejora tu salud. Hay muchas más promesas en la Biblia acerca de dar que de ninguna otra cosa, porque Dios quiere que seas como Él, Dios es dador. Todo lo que tienes es un regalo de Dios. Él es generoso, Él quiere que tú seas generoso también. La Biblia dice, *"El que es generoso prospera; el que reanima será reanimado" (Proverbios 11:25 NVI).*

Hay una razón del por qué al ayudar a otros te sientes bien, ya sea dar financieramente, materialmente o dando de tu tiempo. En las Escrituras, tenemos un sin número de pasajes, en las que El Señor se interesó plenamente que quedaran plasmadas, para enseñarnos la gran bendición que es dar.

Dar Regalos
(1 Reyes 10)

Uno de los grandes ejemplos de dar es la reina de Saba, que entregó al rey Salomón; aproximadamente 6,840 libras de oro. Y eso solo fue una parte del regalo de la Reina para Salomón; cuando lo fue a visitar en Jerusalén. Imagínate una caravana de camellos entrando a Jerusalén. Un camello podía cargar aproximadamente 200 libras de oro viajando por el desierto. Eso significa 34 camellos necesitaba solo para llevar el oro. La mayoría de las reuniones personales en la cultura antigua incluía dar regalos. Si alguien visitaba la casa de alguien más debía llevarle un regalo al anfitrión. También nos dice que el Rey Salomón le dio a la Reina todo lo que ella quiso, según su real generosidad. *(Génesis 14:18-20)*

También dar regalos en la cultura antigua era una forma de expresar sumisión a alguien que estaba en una posición superior, se daban regalos para tener favor y gracia con la otra persona.

✦ El sirviente de Abraham

Otro claro ejemplo de dar regalos fue el sirviente de Abraham; le dio oro, plata y ropa a Rebeca y su familia *(Génesis 24:53)*

Esta era una tradición del matrimonio muy importante. La familia del novio le daba regalos a la familia de la novia.

La esposa de Salomón recibió toda una ciudad de regalo de bodas *(1 Reyes 9:16)*.

Jacob le dio un regalo a Esaú de reconciliación, 550 animales *(Génesis 32:13-15)*.

Otro regalo que vemos en el Antiguo Testamento es el que los israelitas le dieron a Dios en agradecimiento por haber ganado la victoria contra los Medianitas, fueron miles de animales, oro y joyas de plata que pesaban un total de 420 libras *(Números 31:51-52)*

Algunos de los regalos más famosos que encontramos en la Biblia fueron los que llevaron los sabios de países del oriente a Jesús *(Mateo 2:11)*

En el Nuevo Testamento, la Biblia no nos habla de los regalos que se daban los unos a los otros, sino los regalos que le daban a Dios.

No hay regalo, aunque sea el más pequeño que no le agrade a Dios si es dado con un corazón generoso y alegre. Incluso Jesús reconoció el regalo de la viuda que dio 2 monedas de oro, dio todo lo que tenía porque tenía un corazón que amaba a Dios.

Para Dios es más importante la condición de nuestro corazón que el tamaño de nuestra ofrenda *(2 Corintos 9:7).*

Podríamos hablar mucho sobre este tema, basado en ejemplos bíblicos, pero como en todos los capítulos anteriores, no únicamente quiero mostrarte a la luz de lo que he aprendido por medio de las escrituras, que por supuesto, es la palabra de Dios, y la fuente y dirección de nuestras vidas, pero además de eso, las propias experiencias que hemos adquirido con respecto a este tema a lo largo de la vida.

✦ Iglesia

Como iglesia nos hemos sumergido en un mar de generosidad, tratando de enseñar a nuestra congregación, no únicamente lo importante sino la bendición que trae el dar, y desde el inicio de esta, hemos estado involucrados en varios proyectos misioneros, en los que hemos podido bendecir hermanos con menos recursos económicos que los nuestros, o diciéndolo de una mejor forma, con menos oportunidades, hemos visto el respaldo y bendición de Dios, por medio de abrir esta brecha.

Es emocionante, saber que cada una de nosotras con nuestros recursos, sean muchos o pocos, podemos hacer la diferencia, te motivo, a que no pierdas el enfoque de tu vida, que no seas una mujer materialista, esto te hará tener una vida triste, amargada, llena de complejos, sin sentido y nunca encontrarás satisfacción en nada de lo que posees, en nada de lo que haces, porque siempre existirá otra persona mejor que tú, con mejor posición y con más recursos.

Una vida de generosidad es una vida con sentido y propósito.

"La generosidad es el eslabón que te promociona para recibir las bendiciones de Dios" (Hassen Arana)

La generosidad es un valor o rasgo de la personalidad caracterizado por ayudar a los demás de un modo honesto sin esperar obtener nada a cambio. Una persona que practica la generosidad se suele calificar como generosa.

Estoy segura que en más de una oportunidad, te has visto expuesta y has sido parte de esta ley hermosa, inquebrantable de la siembra y la cosecha, te insto, a que seas instrumento en las manos de Dios, que puedas ser de bendición, donde Dios te indique, que cuando Él ponga deseos en tu corazón, no los entierres ni los ignores, ten por seguro, que si tú no dices presente, El Señor dejará de recurrir a ti, y habrá otro instrumento en sus manos que esté dispuesto a obedecer y decir: *"Heme aquí, envíame a mi"*

Alégrate, gózate, con la bendición que significa ser los brazos extendidos de Dios en esta tierra, para bendecir y ayudar al prójimo, al cual se nos manda amar como a nosotras mismas. (Mateo 22:39).

✦ FE EN ACCIÓN

El génesis de la prosperidad es la generosidad.
(Hassen Arana)

PASOS DE FE

PASOS DE *Fé*

Abraham llegó a la conclusión de que, si Isaac moría, Dios tenía el poder para volverlo a la vida; y en cierto sentido, Abraham recibió de vuelta a su hijo de entre los muertos.

(Hebreos 11:19)

PASO #29
*S*UEÑA
POR: ALE ARANA

Hablar de los sueños es un tema que me apasiona. Siento que uno de los propósitos por los cuales estoy aquí en la tierra es animar a otras personas a soñar y motivarlos a que no se den por vencidos.

Francis Chan dice *"si tu sueño no es demasiado grande para que Dios intervenga, tu sueño no es suficientemente grande"*

Me considero una persona soñadora. Toda mi vida tuve un sueño, desde que tengo uso de razón recuerdo que mi sueño era ¡CANTAR! Pero mi sueño no solo era cantar... ¡yo quería ser famosa!

Recuerdo muy bien como a la edad de 4 años jugaba a ser famosa en la casa de mis abuelitos (porque allí podía hacer todo lo que yo quería). Primero iba al closet de mi abuelita; me ponía algo de su ropa brillante, luego me ponía unos tacones y por último me maquillaba en su linda marquesa.

Mis abuelitos tenían una mesa de madera muy bonita como centro de la sala y me encantaba usar esa mesa como plataforma. Mi público eran mis abuelitos por lo menos 1 hora y luego mi abuelita tenía que preparar bebidas en lo que mi abuelito me entrevistaba. ¡Aun no puedo creer la imaginación que tenía a esa edad y la paciencia de ellos!

Dicen que soñar no cuesta nada y es cierto, pero si quieres ver tus sueños convertirse en realidad, tienes un precio que pagar y muy alto.

✦ **Después de soñar hay que Accionar.**

Mis padres estaban orgullosos de tener a una hija soñadora y artista que cada vez que llegaba alguien a la casa me ponían a cantar. Pero conforme fui creciendo ya me estaba dando un poco de pena.

Una gran ventaja para mí es que tengo a unos padres que son aún más soñadores que yo y me apoyaron siempre. Empecé a tomar clases de canto y música a los 7 años. Recuerdo como mi padre luego de estar cansado del trabajo, dos veces a la semana me llevaba a clases y salíamos a las 10pm, siempre me bajaba dormida del carro. Recuerdo que en cada *"Talent show"* de la escuela yo tenía que cantar por supuesto y al final mis amigos me pedían autógrafo, molestando claro. Pero yo pensé *"Cuando sea famosa me van a pedir autógrafos"*

Yo tenía una visión clara y estaba determinada a lo que quería. El tener una visión clara te ayudará a ver cuál es tu misión. Saber que tienes que hacer para alcanzar ese sueño. Yo sabía que quería ser una cantante exitosa así que empecé a tomar clases para ser mejor.

Escribe tus sueños, eso te ayudará a que cuando te sientas cansada y quieras tirar la toalla, recuerdes por qué lo estás haciendo y te animará a seguir caminando hacia tu visión. Ya que los escribiste, quiero animarte a que no los mires solo con los ojos físicos, porque se puede ver imposible, míralos con los ojos espirituales sabiendo que para Dios no hay nada imposible.

Cuando tenía 11 años nos mudamos a vivir a Estados Unidos. Yo estaba emocionada porque sabía que allí tendría más oportunidades que en Guatemala. Pero la realidad es que no fue nada fácil. No sabía inglés, así que en la escuela me sentaba viendo el reloj todo el día, esperando la hora de ir a mi casa porque no entendía nada.

En el proceso, para alcanzar nuestros sueños, va a ver partes de desierto. En el proceso hay momentos donde sentimos que Dios no está allí, pero *"Dios sigue hablando en el silencio"*.

Poco a poco empecé a aprender inglés y a tomar clases de música otra vez. Siete años pasaron, estaba por terminar el año once de High School cuando sentí que esta vez sí me iba a dar por vencida. No miraba nada y sentí que me estaba poniendo vieja (que tontería) pero así es como el diablo actúa en nuestras mentes para desanimarnos y hacernos sentir como mujeres fracasadas y que es demasiado tarde. Lo bueno es que tenemos un Dios que nunca llega tarde, ¡Él siempre llega a tiempo!

Él llegó a rescatarme justo a tiempo. Mi Padre regresó de

un viaje ese fin de semana y en la mano traía una servilleta con unas letras que decían *"Sueña, aunque no lo puedas ver, Sueña No pares de creer"* él me dijo *"Dios me ha dado esta letra para una canción, que será la canción principal de tu primer producción musical"*

¡Yo no lo podía creer!

Disfruta el Proceso, porque va a ser largo. (A Dios no le gustan los microondas)

Empezó el proceso para grabar este álbum que yo había esperado por diecisiete años. Yo quería disfrutar cada cosa que hacía para cumplir este sueño. Empecé a escribir canciones, me puse a dieta, hice mucho ejercicio, pasaba todo el día trabajando en ideas musicales, etc.

Mi último año de High School pasé enfocada en eso y grabando en Miami porque allí estaba el productor. El lanzamiento fue un éxito en mi iglesia y luego nos fuimos de gira con mi papá por Estados Unidos. Él predicaba, yo cantaba y al final compraban mis CD's, me pedían autógrafo. Yo estaba VIVIENDO mi sueño.

Recuerdo muy bien cuando regresé a Guatemala después de 10 años para promocionar el álbum que, por cierto, se titula *"Sueña"*, yo iba en el carro escuchando una radio cristiana de Guatemala cuando escucho mi canción y dicen que estaba en el ¡¡top 10 de la semana!! Fue una emoción tan grande en mi corazón.

Pensé *"Wow ahora sí; cumplí mi sueño"*

"Empecé tanto a enfócame en ser una estrella, que me

olvidé del creador de las estrellas." Había escuchado que debía de darle la gloria a Dios en todo tiempo, en los buenos y malos momentos. Pero personalmente pienso que cuando alcanzamos lo que tanto soñamos puede ser aún más difícil darle la gloria a Dios y pensar que todo lo que tenemos es gracias a nuestro esfuerzo y arduo trabajo.

Dios tuvo que llevarme por un proceso difícil y doloroso para recordarme que cada talento que tengo es gracias a que Él decidió dármelo con el propósito de trabajar juntos para bendecir a su gente. *"Yo hago lo posible y Él se encarga de hacer lo imposible"*

Hablando un poco de imposibles amigas que están solteras, creo que toda mujer sueña con casarse algún día con el príncipe azul que baja del caballo blanco a rescatarte y te da la boda más linda que has visto en tu vida. Claro que pasa, pero en las películas. Como mujeres tendemos a soñar con el príncipe azul, pero debemos tener los pies puestos en la tierra sabiendo que hombres perfectos NO hay, por que nosotras no somos perfectas. Una vez escuché a alguien decir escribe la lista de cualidades que te gustaría en un hombre y al lado escribe tus cualidades y qué tienes tú que ofrecer. Es bueno soñar, pero al mismo tiempo debemos trabajar en ser la mujer de los sueños del hombre que queremos.

Algo que a mí me ayudó mucho en todas las áreas de mi vida fue ponerme metas *S.M.A.R.T (Inteligentes)*

Specific (Específicas): Que tus metas sean claras
Measurable (Medible): si no puedes medir no puedes saber si estás progresando o no.

Achievable (Alcanzable): Necesitas ser realista, Sí es importante soñar en grande, pero metas extremas hacen que nos frustremos y fracasemos.

Relevant (Relevante): Significa que te pones metas en cosas que valoras y son muy importantes para ti.

Time-bound (Tiempo límite): Tener una fecha límite te ayuda a estar enfocada y cumplir tu meta para cuando te la propusiste.

Estos solo son unos consejos prácticos que he aplicado en mi vida para tener disciplina, no solo en el área de los sueños sino en todas las áreas de mi vida. Para obtener resultados diferentes tenemos que empezar a hacer cosas diferentes.

En el proceso largo de mi búsqueda del hombre de mis sueños, encontré a uno que sobrepasó la lista que tenía del hombre ideal. A los 25 años Dios hizo realidad el otro sueño más grande de mi vida y me casé con Christian. Para expresar mi gratitud escribí una canción. El día de la boda se la cante para decirle mis votos:

"Mi amor, eres más de lo que pedí
Y tú estás aquí
Mi amor, eres más de lo que esperé
Eres más de lo que siempre soñé."

Efesios 3:20 "Y ahora, que toda la gloria sea para Dios, quien puede lograr mucho más de lo que pudiéramos pedir o incluso imaginar mediante su gran poder, que actúa en nosotros."

Dios puede hacer lo inimaginable en nuestras vidas, pero

para eso debemos dejar que Él trabaje de adentro hacia afuera a en nosotros.

El día después de nuestra boda nos mudamos a Australia, fuimos a estudiar para ser pastores; en Hillsong Internatonal College. Es gracioso porque yo iba con la mentalidad que simplemente serían unos años más, para alcanzar mis sueños. Pero fue todo lo contrario. No es un instituto bíblico sino una Universidad de Liderazgo, así que la visión de ellos es trabajar en el carácter de los estudiantes. Y vaya que yo necesitaba mucha ayuda en esa área.

Parte de la carrera es la práctica y teníamos que servir 4 horas entre semana y todo el Domingo. No nos dejan elegir durante el primer año en donde servimos. ¿Adivinen en donde me toco servir?

En la Biblioteca limpiando y poniendo libros de regreso, Fue una pesadilla. Luego para la conferencia me pusieron a servir toda la conferencia limpiando baños. Creo que nunca había limpiado un baño en toda mi vida. Y, por si fuera poco, con mi esposo aplicamos para muchos trabajos y no pudimos encontrar nada más, que un trabajo limpiando una escuela todas las tardes.

Déjame respirar antes de seguir… Puedo decir que Dios trabajó muy bien en las áreas que tenía que trabajar para poner mi mirada en Él y mis pies en la tierra. Me molesté un poco tengo que admitirlo, porque fui a estudiar para ser una mejor directora de alabanza y no dirigí la alabanza ni una vez todo el año. Cuando estas pasando por el momento difícil sin entender por qué está sucediendo, lo mejor que podemos hacer es no darnos por vencido hasta ver el sueño cumplido.

A fin de ese año regresé a visitar a mi familia a Houston y tuve el privilegio de dirigir la alabanza en mi amada iglesias Lluvias TX. Había un gozo en mi corazón tan grande y le dije a Dios *"Gracias Señor por darme la oportunidad de dirigir la alabanza después de un LARGO año".* Y sentí en mi corazón como Dios me respondió rápidamente *"No, no, no, Ale; Tu dirigiste la alabanza todo el año. Cada vez que limpiaste un baño en la conferencia, tú me estabas adorando, cada vez que fuiste a poner libros en orden en la biblioteca, tú me estabas adorando, cada vez que dejaste algo para ponerme a mí primero, tú me estabas adorando"* en ese momento entendí que *"Adoración no es una canción que cantamos, sino una vida que vivimos"*

No puedo contener mis lagrimas años después al ver como Dios transformo mi sueño en el que El tenía para mí.

Estuvimos en Australia durante tres años y con seguridad puedo decir que Dios me llevo para recordarme que mi identidad no está basada en lo que hago sino en quien soy en Él. Tuve el privilegio de estar en el equipo de Traducciones de Hillsong (otro sueño hecho realidad). Tuve una experiencia muy especial cuando estábamos traduciendo una de las canciones en esa época el nuevo álbum de Hillsong United, Titulado *"Touch the sky"* *"Tocando el cielo"*

Este es el primer verso:
"El cielo quise alcanzar
Y las estrellas conquistar
Llegué tan alto y descubrí
Que tú bajaste a buscarme a mí".

Habla de cómo nos enfocamos en crear nuestro propio

imperio. Tratamos de alcanzar las estrellas (fama, prestigio), llegamos a la cima y nos damos cuenta de que Dios no está allí arriba porque Él bajó a rescatarnos y encontrarnos abajo, en la peor de las circunstancias.

✦ **El corazón es lo más importante.**

Por sobre todas las cosas cuida tu corazón, porque de él mana la vida.
Proverbios 4:23

Como cristianas tenemos que entender que el Reino de Dios es totalmente diferente a los imperios que este mundo quiere establecer. Jesús es el ejemplo más grande que tenemos, Él siendo Dios se describe como Servidor. La forma de subir en el reino de Dios es bajando. Como sirvientes es que obtenemos ascensos de niveles en el reino de Dios. Esta convicción cambió mi forma de pensar por completo.

✦ **Rendir nuestros sueños a Dios**

Necesitamos vivir postrados ante Dios rindiendo nuestra vida y cada sueño que tenemos a Él. Una vida de adoración es una vida de fe, y una vida de fe es una vida de sacrificios. Lo vemos en el Antiguo Testamento, la adoración empezó siendo sacrificios de animales para Dios. Abraham y Sara tenían un sueño, tener un hijo. Esperaron tantos años para que Dios les diera esa promesa. Cuando Dios se los dio (Isaac) Sara tenía 90 años y seguramente el corazón de Abraham cambió y Dios le dijo, dame tu sueño Abraham quiero ver si yo soy más grande para ti que tu sueño, estoy segura de que para Abraham y Sara fue muy difícil entregar su sueño, pero lo hicieron ¿Y sabes qué? Dios no solo se los devolvió, sino que les dio más de lo que pudieron imaginar. Dios le dijo a Abraham *"Puedes contar las estrellas, así será tu descendencia" (Génesis 22)*

Si pudiéramos hablar con Sara creo que nos diría: No arruines las promesas de Dios con tus soluciones, sugerencias o queriéndole echar una manita a Dios en el proceso. Dios no necesita nuestras sugerencias, Él necesita nuestra obediencia.

Pienso que si José viniera a tomarse un café con nosotras nos diría: No te des por vencida con tu sueño, aunque haya empezado mal. Todos tenemos altos y bajos, se fuerte, quédate parada o párate si te has caído, pero no te quedes en el piso.

Reflexiona: ¿Es mi sueño o el Sueño de Dios para mí?

"Seamos socios con el Espíritu Santo para que él nos revele cuál es su sueño para nosotras" Beth Moore

Cuando Dios cumple todos los sueños es hora de soñar otra vez. Sueña grandes sueños y encuentra la valentía para vivirlos. No te dejes desanimar ahora que vas a dar pasos de fe grandes. Aprende a distinguir entre la voz de Dios y la de la gente.

Quiero invitarte a que escribas tus sueños y hagas una declaración:

_____
_____
_____
_____
_____
_____

_____
_____
_____
_____
_____
_____
_____

Si no los tienes o los has perdido, no termines el día sin pedirle a Dios, que los renueve en tu corazón; haz una corta pero poderosa oración pidiendo sueños nuevos y el don de ser una soñadora.

Recuerda que, por el desgaste de nuestras vidas tan corridas, el trabajo, el estrés, los sueños de Dios pueden nublarse, se enfrían, se estancan.... Pero nunca mueren.

¡Sigue adelante, atrévete a soñar!

"El factor más importante de tu futuro es escuchar la voz de Dios"
Rick Warren

(Ale es mi hija mayor, ella junto a su esposo y sus tres hijos, viven en Houston Tx, tienen una vida comprometida a servir a Dios, son parte del equipo pastoral de Lluvias de Gracia. Modelan una vida de amor, entrega y servicio por la iglesia de Jesús, hemos visto a Ale alcanzar cada uno de los sueños que Dios ha puesto en su mente y corazón).

◆ FE EN ACCIÓN

Apagamos nuestros sueños por temor al fracaso.

PASOS DE 𝓕É

302

PASOS DE *FÉ*

Jesús le respondió: ¿No te dije que, si crees, veras la gloria de Dios?

Juan 11:40

PASO #30
UNA FE *P*RÁCTICA
POR: HASSEN ARANA

**La fe consiste en subir el primer peldaño aun cuando no veas
toda la escalera.**
Martín Luther King jr.

No pierdas la fe, ese es el título de una historia verídica
llevada al cine que impactó mi vida. Te la resumiré en
unas líneas: Por diversos motivos Angus se ve obligado a
vender su granja por un precio muy bajo y trasladarse con
su familia a otro lugar para comenzar desde cero con la
esperanza de que las cosas cambien. Sin embargo, nada
parece mejorar. Su esposa, preocupada por él, le pide a
Angus que los acompañe a la iglesia y aunque se muestra
reacio a hacerlo, finalmente accede. Una vez allí, escucha
el testimonio de un hombre que atravesó una muy dura
situación de la que consiguió salir con la ayuda de Dios.
Angus se siente identificado y en ese momento decide
comenzar a tener fe en Dios.

Al hacerlo, empieza a *"escuchar la voz de Dios"* y observar sus milagros en diversos sucesos que le acontecen. Debido a ello, siente la necesidad de convertirse en predicador.

Convencido de que Dios desea que organice una oración comunitaria para interceder porque pare la violencia y termine la sequía, reúne a todos los granjeros en un estadio de fútbol americano. Allí comunica a todos los presentes que a pesar de las adversas condiciones existentes y el riesgo que ello implica, cultivará patatas pues tiene la seguridad de que Dios responderá sus plegarias. Luego de varios meses, descubre que han crecido unas patatas enormes. Es una increíble historia sobre lo que una persona en crisis puede lograr si pone su confianza en algo real. Lo digo porque muchas veces en la vida vamos por el mundo con objetivos equivocados que al final solo nos dejan peor que donde iniciamos.

Quiero iniciar destacando dos cosas: primero aprende a elegir tus objetivos y segundo, mira muy bien en qué o quién pones tu fe.

> *"Digo, pues: Andad en el Espíritu, y no satisfagáis los deseos de la carne." Gálatas 5:16*

✦ Elije bien tus objetivos

Me encuentro a diario con muchas personas que me piden oración por sus problemas o metas, se siente afligidos, preocupados y se ven en un callejón sin salida (en donde creen ya no hay solución). Lo he visto en todos los ámbitos, y la mayoría son casos o situaciones que ellos solos se han hecho; malos objetivos, pésimas metas, acciones sin consultar a Dios, únicamente berrinches personales, etc.

✦ Corrige tus metas

Toda meta correcta trae paz. Aprende a escuchar la voz de Dios en todo lo que emprendas o en todas las decisiones que tomes.

Estoy asombrado por el trabajo que Claudia (mi bellísima esposa) está realizando en este libro, me ha dado el honor de leer cada capítulo al terminarlo, y te digo con una descarada honestidad, si no aprovechas estos consejos, vivencias, revelaciones, etc. Habrás perdido una buena oportunidad en tu vida de cambiar y mejorar.

El sabio puede sentarse en un hormiguero, pero sólo el necio se queda sentado en él. Proverbio chino.

✦ Cuida en qué o en quién pones tu fe

Este es otro problema muy grande, que sin darnos cuenta nos envuelve de tal manera que, si no tenemos cuidado, puede llevarnos al fracaso. En este momento solo quiero decirte evalúa si tu confianza está puesta en algo terrenal, como tu dinero, esposo, hijos, amigos, puesto de trabajo, etc. Si lo haces de esa manera tarde o temprano te darás cuenta de que no funciona. Siempre que predico digo lo siguiente: o te enojas conmigo o cambias, pero algo tiene que pasar.

Trataré en lo que falta de este capítulo, retarte, llenarte de fe, en el único que puede hacer que las cosas sucedan en tu vida, ¡el jefe! ¡Nuestro buen Dios!

✦ **Algo de mí**

Me identifico mucho con el personaje de la película; No pierdas la fe (Angus) en medio de la crisis no se quedó estático, la buscó por todos lados, y claro puso su fe en quien es correcto, en Dios. Nací en un hogar en el cual desde que tengo memoria entendí que Dios me tendría que ayudar un poco... a los seis años en un campamento me invitaron a poner mi fe en Dios y entregarle mi corazón, recuerdo que ese día sin dudarlo ni un segundo, en medio de más de un centenar de niños le entregué mi vida a Jesús, en medio de muchas lágrimas, sentía que cada lágrima que salía de mis ojos era una aflicción que tiraba y al mismo tiempo algo llenaba mi corazón y lo hacía fuerte.

No te contaré toda mi vida, no te preocupes... Solo quiero decirte que no pude iniciar mejor ese camino llamado vida que, tomado de la mano de Dios. Ese gran día yo, obviamente siendo un niño, no tenía la más mínima idea de los desafíos que en este camino tendría.

Al final te cuento como va esa historia, ahora déjame darte tres consejos para que puedas tener una fe práctica.

La fe sin obras es muerta
Hermanos míos, ¿de qué aprovechará si alguno dice que tiene fe, y no tiene obras? ¿Podrá la fe salvarle? Santiago 2:14

El primero es que seas diligente en todo lo que hagas Aprende a hacer las cosas bien, esto es muy importante, muchas mujeres quieren que todo a su alrededor funcione de maravilla y por lo regular las mujeres son exigentes, y algunas un poco dominantes, claro no todas. Pues bien, hay que iniciar con uno mismo cualquier cambio.

Esfuérzate en todo, ¡Sí! en todo. Es el inicio de todo desafío, la verdadera fe y la acción van juntas... el ejemplo es el mejor maestro. Trata de ser la mejor en todo lo que hagas, sé la mejor versión de ti misma, no confundas el orgullo o prepotencia, con el ánimo y deseo de hacer las cosas bien. A lo largo de la vida; he tratado de ser un buen ejemplo y motivador para mi esposa Claudia y mis hijas Ale, Claudia y Mishelle, les he enseñado a hacer las cosas con mucha pasión y sobre todo a disfrutar lo que hacen, es la manera que me gusta ver la vida. Desde niño a pesar de que no siempre me sentía bien, siempre me ha gustado la vida. Dios nos la dio para disfrutarla y hacer de cada día el mejor.

La diligencia es la madre de la buena aventura.

✦ Ten buena actitud

En segundo lugar y un ingrediente que nunca puede faltar en tu vida es la buena actitud, nadie quiere estar con esas mujeres que todo les duele, que por todo se quejan y nada les complace o gusta. El primero en separase es Dios, la queja es sinónimo de estar en contra de Dios.

La Biblia dice que la primera gran actitud que debes tener es dar gracias por todo y en todo. La fe hace las cosas posibles no fáciles. Dios te ayudará, pero debes iniciar con una actitud adecuada, a partir de hoy deja de echarle la culpa al mundo, comienza y termina los días dándole gracias a Dios por todo y todos, entonces tu vida tomará otro camino.

Pero déjame darte un tercer elemento; aprende a creer y confiar en Dios con todo tu corazón, si podemos contabilizar tantos milagros en la vida de las personas y tenemos acceso a enterarnos de los milagros que pasan alrededor del mundo, aun así, nos cuesta creer que Dios puede hacer milagros en nuestras vidas. Dicen los escritores de cine que uno no debe de escribir sobre teorías sino sobre hechos y experiencias comprobadas. Eso trataré de hacer en las próximas líneas, como te decía esta historia de la película; No pierdas la fe, me identifico mucho con ella, porque incontables ocasiones me ha tocado iniciar de nuevo con mi familia y clamar a Dios por nuevos desafíos.

No hay día que termine en el cual no entienda lo frágil que soy y lo grande que es Dios. En la medida que puedas entender esto, tu vida será más fácil y tendrá más sentido.

He pasado por muchos momentos difíciles y no solo tienen que ver con mi persona o familia, sino también con mi iglesia y nunca Dios me ha dejado, en cada circunstancia Él ha sido fiel, más fiel que mi lealtad, más fiel que mi búsqueda. Cuando a los seis años lo hice el conductor de mi vida como te conté, no imaginé ni por un momento que estaba haciendo la mejor decisión de mi vida, encontré protección, amor, consuelo y al Dios que durante cada etapa de mi vida pelearía por mí. Cuando tú dependes de Dios no tienes que pelear por ti, Él lo hace y lo hace muy bien...

La Biblia dice el justo por la fe vivirá, no creas en Dios solo para salir de tus problemas, cree en Dios para emprender grandes cosas, cree que Él podrá darle color y sentido a tu vida y familia.

No has leído este libro por casualidad, si llegó a tus manos es porque Dios quería bendecir tu vida y la de los que te rodean, quiero terminar diciéndote que he hecho de Dios mi aliado en batallas y te puedo decir que me ha ido muy bien, soy feliz, aunque Dios permita que pase por montañas, he entendido que solo son para mantener mi fe en llamas...

(Hassen Arana es pastor de la iglesia lluvias de Gracia, Tx Durante 20 años, escritor del libro *"Hazlo Ahora"* que ha tenido mucho éxito, es coach y pertenece al John Maxwell Team, es un esposo amoroso, excelente padre, un abuelo increíble, ama a Dios, a su iglesia, y nos ha modelado, una vida de fe, de pasión, de creer a Dios en cada una de las promesas que nos ha dado, nunca lo he visto rendirse. Como familia tenemos un plan, El de ser felices, el llevar al cielo a toda nuestra familia, seguimos caminando para llegar, hemos hecho cambios, hemos tenido que redireccionar, pero siempre hemos visto el amor, protección y fidelidad de Dios para nuestra familia).

✦ FE EN ACCIÓN

Si quieres impactar tu comunidad, tu país o tu mundo, el punto de partida es tu hogar.

PASOS DE *Fe*

Pido en oración que, de sus gloriosos e inagotables recursos, los fortalezca con poder en el ser interior por medio de su Espíritu. Entonces Cristo habitará en el corazón de ustedes a medida que confíen en Él. Echarán raíces profundas en el amor de Dios, y ellas los mantendrán fuertes. Efesios 3:16-17

PASO #31
LA FE DEL GRANO DE *M*OSTAZA

✦ África

La vida de los pastores de África es inspiradora, para crecer en fe. Escuchar a hombres y mujeres contar sus anécdotas e historias, sobre cuanta fe necesitan, para cosas simples, en las cuales nosotros no necesitamos fe para lograrlo. Podríamos hablar de la comida, aquí en América, no necesitamos fe para obtener alimentos, necesitamos trabajar porque no hay escases. Pero en otros lugares necesitan fe, una fe extraordinaria, para hacer llover, que caiga rocío del cielo, para que no mueran sus pocas cosechas y no mueran de hambre.

✦ La fe que sustenta

El Pastor Orcar Moru de África, nos dice que la fe que sustenta es esa fe que se manifiesta cada día, la que nos sostiene, es la fe de vida, de salud, la fe que nos hace creer que vamos a tener alimentos, calzado, trabajo, que nos hace optimistas para reconocer que nuestras oraciones, serán respondidas a su debido tiempo.

"La pequeñez de su visión limita la grandeza de Dios"

◆ **La fe del grano de mostaza**

Hay una segunda fe; "la fe del grano de mostaza" Esa fe en la que no hay nada imposible. La fe que mueve montañas. Es la fe que cree que todo puede pasar, la que depende de Dios. Es la fe que comienza donde mis fuerzas y habilidades terminan.

Hay un sin número de oraciones que seguramente hemos hecho, que no han sido respondidas, pero como humanos hemos aprendido a poner excusas en nombre de Dios, y hasta a justificar a Dios, por no responder a nuestras oraciones. Pero la realidad es que estamos acostumbrados a hacer oraciones que no hacen a Dios voltear a vernos. Arrepiéntete de oraciones anémicas e ineficaces. Haz oraciones que hagan sudar a Dios. Empieza a creer que Dios puede cumplir oraciones valientes, desafiantes. Ten la fe del grano de mostaza. Los cristianos en un 95% saben de la primera fe, viven la fe que sustenta, la fe de cada día. Únicamente un 5% cree en la fe del grano de mostaza.

Ustedes no tienen la fe suficiente – les dijo Jesús – Les digo la verdad, si tuvieran fe, aunque fuera tan pequeña como un grano de mostaza, podrían decirle a esta montaña: *"Muévete de aquí hasta allá"*, y la montaña se movería. Nada sería imposible. *(Mateo 17:20)*

Este impactante verso dicho precisamente por los labios de Jesús termina magistralmente, y es la parte que más me gusta: *"Nada sería imposible"* y cuando Jesús el hijo de Dios, dice: *Nada es imposible"* créeme, ¡así es!

Debemos pedirle al Señor que aumente nuestra fe, que nos ayude a que nuestra fe crezca del tamaño del grano de mostaza. ¿Podrás imaginarte el tamaño real de tu fe?

He estado en este último tiempo en dos reuniones diferentes, en donde he tenido la oportunidad de compartir alguna palabra de Dios. Y he cerrado el momento, hablando de la fe del tamaño del grano de mostaza. Compré diminutas bolsitas transparentes, donde se encuentra una semilla. Para atraer la atención de las personas, acerca del tamaño que debería de tener nuestra fe. Según el mismo Jesús, para que pudiéramos hablarle a la montaña y ésta obedecer inmediatamente y moverse de lugar.

✦ El Señor nos dice: Pídeme y te daré

Debemos saber que tenemos una línea directa al cielo, en donde nuestras oraciones son escuchadas y respondidas de acuerdo con la magnitud de nuestra fe.

El Señor mismo, conociendo la fortaleza que tenemos dentro de cada uno de nosotros dijo en *Génesis 11:6* ¡Miren! La gente está unida y todos hablan el mismo idioma. Después de esto, ¡nada de lo que se propongan hacer les será imposible! Nada es imposible para ti, cuando te propones hacer o alcanzar algo.

Mateo 17:20 "Nada seria imposible".

¿Cómo te encuentras desafiando a Dios? ¿Cuáles son tus

oraciones desafiantes para El? ¿Haces oraciones audaces? ¿Haces oraciones valientes? o ¿Te encuentras en una vida tibia, adormecida, haciendo oraciones tibias y dormidas? Te motivo y te desafío a que le creas a Dios, a que inicies a hacer oraciones donde pongas a trabajar a Dios a tu favor, oraciones que muevan el cielo y la tierra.

Nuestra sobreabundancia en preocupación es la que no nos deja actuar en fe. Nuestro trabajo es creer en la fe del grano de mostaza y el problema en resolver nuestros pedidos es de Dios.

Necesitas ser valiente más que seguro, no se pueden ser las dos cosas, o eres valiente, te arriesgas y metes a Dios en tus desafíos, en tus necesidades e inicias a caminar por fe. O te vas por lo seguro, por lo cómodo. La realidad querida amiga, que seguir a Jesús es peligroso, si tu vida no está llena de peligros, de desafíos, de grandes metas y sueños, deberías hacer un examen profundo de tu corazón y preguntarte si estas siguiendo a Jesús o solo sigues una religión. Debes creer que Dios puede cumplir en tu vida metas desafiantes, todo aquello que tú no puedas alcanzar sola, ni con todas tus habilidades, ni con toda tu sabiduría, ni con todas tus posesiones, debes llegar al lugar a donde podrías alcanzar la meta únicamente ayudada por Dios.

✦ 31 días de fe

Quise mostrarte que se puede ser feliz, ¡Sí! en este mundo lleno de caos, de dolor, de temores, de maldad, sí se puede ser feliz. Sí se puede encontrar un refugio seguro para tu vida, hay algo más grande de lo que nuestros ojos físicos pueden ver, hay un poder sobrenatural que opera en nuestras vidas, más allá de nuestros pensamientos humanos de nuestra lógica, el sobreabundante poder de Dios, que puede cambiar y transformar vidas.

Traté de no presentarte una religión sino una relación única, genuina y verdadera, con El que todo la sabe, con El que todo lo puede, con El que te conoce íntima y profundamente, tú Padre, tú Señor, El único y verdadero Dios.

Te invito a que tengas una estrecha relación cotidiana con Él, esto hará de tus días y tu mundo, un mejor lugar, un lugar de paz, de alegría y felicidad. Recuerda no estamos en esta vida para sobre vivir, estamos para ser completamente felices, sin filtros, sin máscaras, sino con un genuino y sereno corazón.

✦ FE EN ACCIÓN

No somos una en un millón. Somos una en siete mil millones. Y sin embargo Jesús nos dice que tiene contados aún los cabellos de nuestra cabeza. Así que no tengamos miedo, ten fe, no hay nada en nuestra vida que quede fuera del alcance de su interés y su preocupación por ti.

Notas Bibliográficas:

---◆---

Santa Biblia: Versión Reina Valera 1960 (RVR 1960)
Santa Biblia: Versión Reina Valera 1995 (RVR1995)
Biblia traducida en lenguaje actual (TLA)
Biblia Nueva Traducción Viviente (NTV)
Biblia Nueva Versión Internacional (NVI)
Biblia anotada por C.I. Scofiel
Los cinco lenguajes del amor (Gary Chapman)
El Refugio (Sheila Walsh)
Rompe Las Máscaras (Edmundo Guillen)
Lo Imposible es Posible (John Mason)
La vuelta al corazón en 40 días (Rony Madrid)
Los cinco lenguajes de la disculpa (Chapman y Thomas)
Instinto (T.D.Jakes)
Dios ama a las personas rotas (Sheila Walsh)
Escoja Perdonar (Nancy Leigh Demoss)
Vive tu sueño (John C. Maxwell)
Corazón Puro – Ya Basta – (Tati Martínez)
Comienza el Día con Dios (Claudia Arana)
7 secretos de Mujeres que inspiran a grandes Hombres
(Berlín Madrid de Guillen)
Un mes para vivir (Kerry Shook)
Notas de T.D. Jakes (Jakes)
El ladrón de tumbas (Mark Batterson)
Las lecturas diarias de Maxwell (John Maxwell)
¡Voy a disfrutar la vida! (Andrés Corson)

317

Made in the USA
Monee, IL
24 September 2024

65816566R00177